Das deutsche Drama
von Gottsched bis Lessing

Horst Steinmetz

Das deutsche Drama von Gottsched bis Lessing

Ein historischer Überblick

J.B. Metzlersche Verlagsbuchhandlung
Stuttgart

Die Abbildung des Umschlags zeigt das Mannheimer Nationaltheater nach einem Kupferstich der Gebrüder Klauber um 1782.

CIP-Kurztitelaufnahme der Deutschen Bibliothek

Steinmetz, Horst:
Das deutsche Drama von Gottsched bis Lessing:
e. histor. Überblick / Horst Steinmetz. –
Stuttgart: Metzler, 1987.
ISBN 3-476-00625-5

ISBN 3-476-00625-5

© 1987 J. B. Metzlersche Verlagsbuchhandlung
und Carl Ernst Poeschel Verlag GmbH in Stuttgart
Satz: Satzherstellung Stahringer, Ebsdorfergrund
Druck: Gulde-Druck Tübingen
Printed in Germany

Inhalt

V

Vorwort

Historische Überblicke sind – obwohl das Wort »historisch« Objektivität suggeriert – subjektive Darstellungen von Geschichte oder von Kapiteln aus der Geschichte. Bereits die Tatsache, daß sie an bestimmter Stelle in der Geschichte beginnen und enden, ist Ausdruck dieser Subjektivität, die für die Gliederung in Perioden und Phasen verantwortlich ist. Kein Autor geschichtlicher Darstellungen wird hieb- und stichfest begründen können, warum er seinen Überblick an den gewählten und keinen anderen Zeitpunkten beginnen oder enden läßt.

Auch der Autor der vorliegenden Darstellung kann dies nicht. Andere Einteilungen und Gliederungen des Dramas des 18. Jahrhunderts sind denkbar und möglich. Auch sie aber werden – nicht anders als der hier veröffentlichte Vorschlag – ihre Plausibilität nicht mit vorgegebener historischer Faktizität legitimieren können, sondern nur mit der explizit oder implizit angewandten (subjektiven) Deutung der Geschichte dieses Dramas.

Allerdings kam es mir auch nicht in erster Linie auf eine Periodengewichtung an. Mir ging es primär um eine Darstellung des historischen Zusammenhanges und der historischen Entwicklung innerhalb eines bestimmten Zeitraumes. Darum zum Beispiel der so gut wie vollständige Verzicht auf biographische Daten, darum die Lösung der Werke aus dem jeweiligen Gesamtoeuvre der Autoren. Als »historisch« aber habe ich auch die Verpflichtung verstanden, nicht nur auf bestimmte, heute im allgemeinen als fortschrittlich angesehene Dramen einzugehen, wie das bürgerliche Trauerspiel, sondern auch andere, heute praktisch negierte Typen und Formen einzubeziehen, wie die heroische Tragödie. Nur so schien mir eine approximativ adäquate Wiedergabe der historischen Wirklichkeit möglich.

Historischer Überblick kann nicht heißen, daß die Darstellung konsequent der Chronologie folgt. Weil ein historischer Überblick subjektive Deutung von Geschichte involviert, die Einblick in dasjenige verschaffen will, was als Verlauf und Struktur des Vergangenen erkannt wird, ordnet auch der hier vorgelegte Überblick sein Material in Kapitel und Blöcke, die im ganzen zwar der Chronologie folgen, aber doch durch anderes als nur die Chronologie fundiert sind. Das hat unter anderem zur Folge, daß Lessings Dramen mehr als einmal und an verschiedenen Stellen diskutiert werden. – Daß schließlich die gesamte Darstellung auf die rekurrente Frage-

und Themenstellung des gesellschaftlichen Appells des Dramas aus der Aufklärung ausgerichtet ist, hat seine Ursache ebenfalls im Prinzip der Deutung, das jeder historische Überblick verlangt und voraussetzt.

Leiden, im März 1987   H. S.

Einleitung

Literaturgeschichte und Sozialgeschichte

Literatur und literarische Einzelwerke kann man auf sehr unterschiedliche Weise lesen, erleben, erforschen: als ästhetische Gebilde, als Manifestationen direkter oder indirekter Selbstexpression, als Zeugnisse des kulturell-sozialen Lebens. Viele andere Möglichkeiten existieren und werden im praktischen Umgang mit Literatur verwirklicht. Im Prinzip können all diese Möglichkeiten auch bei literarhistorischer Betrachtung und Darstellung zur Anwendung gelangen. Meist jedoch legt literaturgeschichtliche Darstellung ihren Akzent auf historische und sozialhistorische Zusammenhänge, in denen Literatur ihren Platz einnimmt. Der Grund dafür liegt in der Überzeugung, daß literarische Veränderung und literaturgeschichtlicher Wandel ihre Ursache nicht allein in literaturimmanenten Faktoren, sondern in ebenso hohem, so nicht in höherem, Maße in historisch-gesellschaftlichen Verhältnissen und ihren Veränderungen hätten. Literatur wird auf diese Weise als Teil der Geschichte und als Teil der gesellschaftlichen und kulturellen Wirklichkeit gesehen. Ihre spezifische und zu analysierende Bedeutung liegt darin, daß sich in ihr sozialhistorische Zustände und Entwicklungen spiegeln, daß sie gleichzeitig Reaktion auf diese Zustände und Entwicklungen sein kann, Reaktion, die Stellungnahme, kritisch oder bestätigend, formuliert. Als eine solche Reaktion kann Literatur möglicherweise wiederum Einfluß auf Geschichte und Gesellschaft ausüben, eventuell sogar gravierende Veränderungen auslösen. Literaturgeschichte und Sozialgeschichte können daher über einander informieren, sie können vor allem einander erklären helfen.

Von einer solchen Interdependenz zwischen nichtliterarischer Realität und Literatur gehen heute so gut wie alle literaturgeschichtlichen Darstellungen aus. Doch wie diese Interdependenz im einzelnen zu begreifen und zu beschreiben sei, darüber gehen die Meinungen weit auseinander, da sich die wechselseitige Abhängigkeit in unterschiedlichen Perspektiven in sehr unterschiedlicher Form und mit sehr divergierendem Bedeutungsgehalt darstellt. Verstanden zum Beispiel als Produkt konkreter sozialhistorischer Konstellationen, reproduziert Literatur das, was auch außerhalb ihrer – sei es in der Regel auch in anderer Gestalt – anzutreffen ist. Literatur wird zum historischen, zum sozialhistorischen Dokument. Das muß nicht heißen, daß literarische Dokumente die existierende, empirische Wirklichkeit ausschließlich affirmieren, gleichsam nur die Sicht einer mächtigen Wirklichkeit wiedergäben. Das Dokument kann gewiß auch Kritik an bestehenden Zuständen und Machtverhältnissen aussprechen, kann zu Veränderung aufrufen.

Den Charakter historischer und sozialhistorischer Dokumente erhalten literarische Werke vor allem dann, wenn sie von den nichtliterarischen und sozialen Wirklichkeiten ihrer Entstehungszeit aus ins Auge gefaßt werden. Die Werke rücken dann gewissermaßen in die Verlängerung dieser Wirklichkeiten. Handlungen, Formen, Motive, Themen, die in literarischen Werken gestaltet sind, werden in solchem Interpretationszugriff relativ leicht und überdies einsichtig als Reproduktionen einer der Literatur gleichsam vorausliegenden Realität deutbar. Das im Gedicht erscheinende Natur- oder Liebeserlebnis, der Konflikt in der Tragödie, der Lebensweg des Helden im Roman werden von der nichtliterarischen Wirklichkeit her bewertet, von ihr aus mit Bedeutung versehen, können darum beinahe mühelos als deren Wiedergabe, gegebenenfalls als Kommentar gelesen werden.

Weniger eindeutig als Wiedergabe und Kommentar erscheinen literarische Werke jedoch dann, wenn man nicht von vornherein von den außerliterarischen Vorgaben ausgeht, sondern von dem, was in den Werken selbst an Inhalten, Themen, Motiven und Formen auftritt. Diese brauchen keine Verweise auf nichtliterarische, im besonderen auf soziale Wirklichkeit zu enthalten. Der Interpretationsrahmen wird in einem solchen Falle grundsätzlich größer, da die Bedeutung nicht durch realgeschichtliche Elemente und Gegebenheiten vorgezeichnet ist. Der Bezug zu ihnen ist bestenfalls ein vermittelter. Es stellt sich die schwer zu beantwortende Frage, ob und in welchem Umfange die Werke als Reaktionen auf sozialhistorische Realität gedeutet werden dürfen, möglicherweise als indirekte Auseinandersetzung mit dieser Realität. Natürlich gibt es in den Werken fast immer Anspielungen auf zeitgenössische soziale Wirklichkeit, die außer Zweifel stehen, deren Dokumentarcharakter darum ebenfalls kaum bezweifelt werden kann. Doch auch hier steht nicht prinzipiell außer Frage, daß diese Anspielungen als Äußerungen und Reaktionen der sozialen Realität, wie sie außerhalb der Literatur existiert, interpretiert werden müssen, da sie innerhalb der Werke andere Funktionen erfüllen können. Die eigentlichen Probleme aber entstehen erst dort, wo dergleichen Anspielungen so gut wie ganz fehlen, man die Werke jedoch trotzdem in ihrer Eigenart und in ihrer Entwicklung als durch gesellschaftliche und historische Kräfte (mit-)bestimmt sehen will. Der Interpret läuft Gefahr, über Analogieschlüsse allzu geradlinig von literarischen Phänomenen aus auf deren sozialhistorische Fundierung und Intention zu schließen und literarische Äußerungen vorschnell mit bestimmten konkreten Gegebenheiten des sozialen Lebens zu verbinden. Aus dem besonderen Verlauf einer Romanhandlung, deren Geschehnisgrundlage die scheiternde Liebe zwischen einem Handwerksgesellen und einem adligen Fräulein bildet, abzuleiten, in diesem Werk werde die prinzipielle Unterlegenheit der Nichtadligen gegenüber der Aristokratie oder die menschliche Gefühle unterdrückende Macht sozialer Verhältnisse demonstriert, weil eine dementsprechende Situation zur Zeit der Entstehung des Romans bestanden habe, muß nicht falsch sein, kann Thema und Gehalt des Romans jedoch auch gänzlich verfehlen, da diese in anderen Bereichen liegen können und der sozial gefärbte Handlungsrahmen nur ihr Illustrationsraum ist.

Mit den angedeuteten Schwierigkeiten und Problemen sieht sich, wie alle literaturgeschichtliche Darstellung, auch die vorliegende zum Drama der Aufklärung konfrontiert. Auch ihr liegt die Auffassung zugrunde, daß dieses Drama, seine Inhalte, seine Formen, nicht zuletzt die Veränderungen und Entwicklungen, die es in den knapp fünfzig Jahren durchläuft, die diese Darstellung umfaßt, nicht nur durch rein literarische Bedingungen, etwa gattungsspezifische Traditionen, sondern auch und in nicht unwesentlicher Weise durch sozialhistorische Realitäten des 18. Jahrhunderts geprägt wird. Allerdings ist die Beziehung zwischen beiden indirekt und kann nicht mit einer inhaltlichen Parallelität belegt werden, die ihre Basis in der tatsächlichen, sozusagen erlebten gesellschaftlichen Wirklichkeit hätte. Von der empirischen Realität, wie sie die in mehr als 250 Territorialstaaten lebenden Einwohner des Deutschen Reiches erfahren, ist in diesem Drama nur wenig wiederzuerkennen. Die bedrängenden materiellen Lebensverhältnisse des Alltags klingen in der Regel nur von ferne an. Die noch immer nicht gänzlich überwundenen Folgen des 30jährigen Krieges, der Deutschland im Vergleich besonders zu seinen westlichen Nachbarn ökonomisch weit zurückgeworfen hatte; die ständisch organisierte Gesellschaft, die unter anderem Steuerfreiheit für den Adel, Leibeigenschaft für 70 Prozent der Bauern einschließt; die große Stadt- und Landarmut (der sogenannte vorindustrielle Pauperismus), der auch gegen Ende des 18. Jahrhunderts noch immer 30 Prozent der Bevölkerung zuzurechnen sind; die von Staat und Fürsten geförderte und dirigierte Handels- und Wirtschaftspolitik (Merkantilismus), welche praktisch eine immer größer werdende Macht des Staates verursacht; die Auswirkungen eines noch immer einflußreichen Konfessionalismus; die Praxis der Zensur; das trotz aller verdienstlichen Anstrengungen von seiten der Fürsten und nichtadliger Kreise noch immer wenig konsistente Bildungswesen im weitesten Sinne; die faktische ökonomische und politische Ohnmacht der weitaus meisten Bürger – von all diesem und vielem anderen ist im Drama der Aufklärung nur wenig zu finden. Auch etwa von einem so einschneidenden Ereignis wie dem Siebenjährigen Krieg, der Preußen bis in die 70er Jahre des Jahrhunderts in eine anhaltende Finanzkrise stürzte, gibt es kaum ein Echo, sieht man einmal von Lessings *Minna von Barnhelm* ab.

Weil von dieser historischen und gesellschaftlichen Realität in den Werken so wenig erscheint, sind sie auch nur in einem allgemeinen Sinne auf diese Realität zu beziehen. Was theoretisch denkbar gewesen wäre, nämlich eine zielbewußte Stellungnahme zu diesen sozialen Verhältnissen, sucht man in den Dramen vergeblich. Darum auch kennen sie keine wirkliche sozialkritische Spitze, sofern man Sozialkritik als Kritik an konkreten sozialen Zuständen versteht. Natürlich bleiben die realen Zustände nicht völlig unsichtbar, erscheinen einzelne ihrer Aspekte in der dramatischen Handlung. Natürlich gibt es bisweilen eine Thematisierung bestimmter gesellschaftlicher Probleme, einzelner sozialer Verhaltenseinstellungen. Die sächsische Typenkomödie versucht zum Beispiel, soziales Handeln direkt zu beeinflussen. Doch, wenige Ausnahmen nicht mitgerechnet, derartige eindeutige Fälle bleiben, wie in der Literatur der Aufklärung generell, auch im Drama Randerscheinungen, verdichten sich nicht zu einer explizit formulierten und daher auch als solche zu interpretierenden Sozialkritik, welche existierende gesellschaftliche Strukturen grundsätzlich angriffe.

Das alles besagt nun allerdings nicht, daß das Drama der Aufklärung nicht durch sozialhistorische Faktoren geprägt sei, und diese Faktoren nicht auch in den Werken wiederzuerkennen seien. Soziale Wirklichkeit wird ja nicht ausschließlich durch materielle Gegebenheiten bestimmt, durch konkrete wirtschaftliche, politische, juristische Institutionen profiliert. Zur sozialen Wirklichkeit gehören auch die allgemeinen Dispositionen, die Mentalität, gewissermaßen die Ideologie, die das Verhalten der Menschen in und gegenüber materiellen Einrichtungen, in und gegenüber herrschenden Gesellschaftsstrukturen begründen, legitimieren und steuern. Sie regeln die Beziehungen, in denen sich die Erfahrungswelt darbietet, ordnen die Vielfalt des Wirklichen, auch des sozialen Wirklichen, zu sinnvollen Zusammenhängen und Ganzheiten. Die Mentalitäten und Ideologien schaffen vor allem Normen, von denen aus die tatsächliche Realität beurteilt wird. In der Regel zerfallen die Mentalitäten in Teilmentalitäten, so daß nicht eine einzige Mentalität für die gesamte Gesellschaft zu einem bestimmten Zeitpunkt gilt, sondern mehrere nebeneinander bestehen, die einander ergänzen oder miteinander konkurrieren können.

Das letzte gilt auch für die Epoche der Aufklärung. Die Literatur und gewiß das Drama dieser Periode werden jedoch von einer Mentalität beherrscht, die eindeutig zu identifizieren ist. Sie legt nicht nur den Ort der Literatur im Gesamt der sozialen Realität fest, definiert nicht nur ihre Aufgaben und Ziele, konturiert sie jedenfalls im Hinblick auf die der Literatur zuerteilten Funktionen. Über sie entsteht ein literaturästhetisches, ein poetologisches Programm, in dem eine Reihe von Elementen zum Basisinventar gehört, die unmißverständlich auf die Gesellschaft gerichtet sind. Die diesem Programm folgenden Werke enthalten darum auch eine wenigstens indirekte Aussage über soziale Wirklichkeit und soziale Probleme. Auf diese Weise beziehen – wenn auch meist in vermittelter Form – die Dramen schließlich doch auch Stellung zur gesellschaftlichen, gelegentlich sogar zur politischen Situation der Zeit.

Die Hauptquellen für diesen allgemeinen Rahmen, in den Literatur und Literaturtheorie der Aufklärung gebettet sind, bilden die Philosophie von Gottfried Wilhelm Leibniz (*Essai de Théodicée sur la bonté de Dieu, la liberté de l'homme et l'origine du mal,* 1710) und von Christian Wolff. In Leibniz' Philosophie sind mechanistisch-mathematische Natur- und Welterklärungen (Descartes) mit religiös-metaphysischen vereinigt. Sie ergeben ein teleologisch-theodizistisches Weltbild, nach dem der Welt eine »prästabilisierte Harmonie« zugrunde liegt. Der in der Wirklichkeit herrschende, unbedingte, kausale Mechanismus beruht auf einem inneren, dynamischen und zweckmäßig-organischen Weltprozeß. Aufgrund dieses inneren Prinzips habe man von einer grundsätzlichen Überlegenheit notwendiger logischer Vernunftwahrheiten über zufällige Tatsachenwahrheiten auszugehen, was unter anderem bedeutet, daß die zufällige geschichtliche Wahrheit der des erkannten Welterklärungsmodells von vornherein unterlegen ist und auf keinen Fall als Argument gegen das Modell angeführt werden kann. Die Welt ist die beste aller möglichen, da Gott in seiner Allgüte und -weisheit keine weniger gute hätte schaffen können. Für den Menschen entsteht hieraus die Verpflichtung, seine Einsicht in die gute Ordnung der Welt unablässig zu vergrößern, indem er der Vernunft gemäß handelt. Je besser ihm das gelingt, desto besser werde er imstande sein, vordergründige Widersprüche der Erfahrungswelt als solche zu durchschauen und zu überwinden. Das Ergebnis muß eine fortschreitende Verwirklichung und Vervollkommnung der sittlichen Ideale des Guten und Vernünftigen sein, eine Perfektibilität von Mensch und Welt auf der Basis einer optimistischen Grundeinstellung.

Leibniz veröffentlicht die meisten seiner Ideen in verstreuten Artikeln und Briefen, so daß es andere sind, die sie systematisieren und zugleich popularisieren. Der einflußreichste unter den Popularisierern ist Christian

Wolff. Sein umfangreiches philosophisches Oeuvre enthält die rational fundierte, logisch konsequent betriebene Darstellung eines Systems, in dem alle Bereiche von Natur, Gesellschaft und Religion ihren angemessenen Platz erhalten. Wolff systematisiert Leibniz, verkürzt dessen Philosophie jedoch auch um entscheidende metaphysische Dimensionen. Rationale Ordnungsprinzipien, wissenschaftliches Denken, Klarheit und Gründlichkeit der Deduktionen werden darum zu beherrschendem Grundsatz dieser Philosophie, die sich stets auf praktische Anwendungen richtet. Vernunft und rationales Denken werden zur Richtschnur auch des Handelns im täglichen Leben erkärt. »Vernünftige Gedanken von ...«; so beginnen die Titel zahlreicher Schriften Wolffs, die den sinnvollen, mechanisch-kausalen Zusammenhang der Welt und aller Lebensbereiche unermüdlich propagieren und der Förderung von Verstand, Tugend und Glückseligkeit dienen wollen.

Es ist deutlich, daß von einem solchen Welterklärungssystem keine Impulse ausgehen können, um bestehende Verhältnisse, Institutionen, Ordnungen, auch und gerade soziale Einrichtungen, grundsätzlich zu verändern. Von der Literatur der Aufklärung, die ihre ethischen und moralischen Konzepte, aber auch ihre poetologischen Leitideen (etwa in der Gattungslehre), im wesentlichen aus dieser Philosophie bezieht, können solche Impulse darum ebensowenig ausgehen. Auch ihr Ziel ist daher die Verbesserung des Bestehenden, die Verbreitung vernünftiger Einsicht, die Stärkung der Überzeugung, die Vernunft gebiete geradezu, das Gute zu wählen und das Böse zu meiden oder zu korrigieren. In den Werken dieser Literatur ist das soziale Engagement daher fast überall ein indirektes: vor den in den Werken beschworenen Prinzipien der Vernunft, der Bildung, des Ansporns zur zweckmäßigen Weiterentwicklung des bereits Erreichten kann die Wirklichkeit der Leser und Zuschauer nur als unvollkommen erscheinen. Sie zu ändern, zu verbessern, nicht aber grundlegend umzustoßen, werden die Rezipienten aufgerufen. Die Ideologie dieser Literatur setzt auf Evolution, deren Telos außer Zweifel steht, nicht aber auf Revolution. Sie vertraut auf den unausbleiblichen Einsatz des Einzelnen, erwartet hingegen nichts vom Protest der Masse. Sie will erziehen, nicht aber zu Einspruch oder gar Umsturz motivieren. Es ist ein ethisch-humaner Appell, der sich an die Angehörigen aller Gruppen, Schichten, Stände wendet. Vor der Folie dieser Ideologie stellt sich die soziale Realität gewissermaßen selbst in ihrem zurückgebliebenen Status dar, braucht darum nicht in den Werken abgebildet zu werden. Zuschauer und Leser können nicht umhin, die Diskrepanz zwischen Ideal und Wirklichkeit zu bemerken und, sobald man die Botschaft verstanden hat, sich aktiv im eigenen Lebenskreis für die erkannten Prinzipien und Ziele stark zu machen.

Die sozialgeschichtliche Verwurzelung der Literatur der Aufklärung bezeugt sich allerdings nicht allein in ihrer Orientierung an dem Weltanschauungsmodell der Leibniz-Wolffschen Prägung. Kaum weniger bedeutsam ist es, daß diese Literatur von Autoren verfaßt wird, die einer sich neu formierenden Schicht angehören. Es ist eine mittelständische Schicht aus Gebildeten, die, trotz verschiedenartiger ständischer Herkunft, aufgrund gemeinsamer Anschauungen zueinanderfinden: Beamte, Geistliche, Ärzte, Professoren, Angehörige des niederen Adels, Söhne aufstiegsorientierter Kaufmannsfamilien. Ihre Überzeugungen bilden nicht nur die Ausgangsbasis der eigentlich literarischen Werke, sondern gewinnen darüber hinaus zunehmend mehr Einfluß im öffentlichen Leben, im Zeitschriftenwesen, in den Verlagen, in den Theatertruppen, wie durch sie überhaupt so etwas wie eine Öffentlichkeit entsteht, in der Fragen der Kunst, der Gesellschaft, der Religion diskutiert werden. Ihr allgemeines, ständeübergreifendes Ideal der Menschlichkeit wird in der Mitte des Jahrhunderts zur Norm auch gesellschaftlicher Einrichtungen und Strukturen, an denen die bestehenden gemessen werden.

Es ist gebräuchlich, diese neu aufkommende Schicht der Intelligenz als »bürgerlich« zu bezeichnen. Doch ist das nur mit Einschränkungen und unter bestimmten Bedingungen möglich. Um Bürger im Sinne des »bourgeois« des 19. Jahrhunderts handelt es sich nicht, wie überdies kaum die Rede von einer sozial eingrenzbaren »Klasse« sein kann. Man selbst versteht sich eher als »civis«, als Staats- und Weltbürger, der die Ansprüche und Qualitäten des humanen Menschen repräsentiert, der eher kosmopolitisch denkt als in Standesgrenzen oder besonderen Standeseigenschaften. Sein kosmopolitischer Anspruch gründet auf der Forderung nach Gleichwertigkeit aller Menschen, seine Werte und Normen leitet er von einer alle Menschen verpflichtenden Humanität ab.

Sozialgeschichtlich gesehen aber setzt mit der langsamen Formierung dieser Mittelschicht, deren Gemeinsamkeit stärker in öffentlichen Appellen als in einer soziologisch umschreibbaren Übereinstimmung der Lebensverhältnisse als Gruppe oder Klasse liegt, eine Veränderung der überlieferten Gesellschaftsstruktur des 18. Jahrhunderts ein. Und weil die weitaus meisten Autoren der Literatur dieser neuen Mittelschicht zugehören, wird die Literatur der Zeit notwendig auch zum Ausdruck einer sozialhistorischen Bewegung und Veränderung. Darum ist es berechtigt, diese Literatur außer in ihrer ästhetischen Eigenart auch im Hinblick auf ihre sozialgeschichtliche Rolle zu befragen. In diesem Sinne ist die Literaturgeschichte des 18. Jahrhunderts eng mit der Sozialgeschichte verbunden.

Grundzüge des Dramas und seiner Entwicklung im 18. Jahrhundert

Die Geschichte des deutschen Dramas im 18. Jahrhundert ist eines der markantesten Kapitel aus der Historie des Dramas in Deutschland. Trotz einer unverkennbaren und beinahe übermächtigen Abhängigkeit von ausländischen, insbesondere französischen und englischen Vorbildern gewinnt die deutsche Dramatik im Laufe dieses Jahrhunderts doch charakteristische eigene Züge. Allerdings muß festgehalten werden, daß es sich bei den Dramen, die diese entstehenden eigenen Züge repräsentieren – und die im Mittelpunkt der folgenden Darstellung stehen –, um eine relativ kleine Anzahl von Werken handelt, vergleicht man sie mit der Gesamtheit der im 18. Jahrhundert erschienenen und aufgeführten. Das gilt nicht nur im Hinblick auf die Übersetzungen anspruchsvollerer nichtdeutscher Werke, sondern auch im Hinblick auf die Produktion deutschsprachiger Dramen. In sozial- und theatergeschichtlicher Perspektive stellen die in der Literaturgeschichte des 18. Jahrhunderts immer wieder am ausführlichsten behandelten Werke etwa von Gottsched, J. E. Schlegel, Lessing oder Lenz kaum mehr als eine Randerscheinung dar. Nicht aus ihnen setzt sich das Repertoire zusammen, das der durchschnittliche Theaterbesucher vorfindet. Der Alltag der (Wander-)Bühnen wird vielmehr so gut wie vollständig durch die zahllosen anonymen, vorwiegend von Theaterprinzipalen und Schauspielern verfaßten Spiele geprägt, in der Mehrzahl Komödien, die dem Zuschauer vor allem Zerstreuung und Amüsement bieten, unter Ausnutzung aller theatertechnischen Effekte. Bis weit nach 1770 bleibt das Theater in erster Linie ein Ort, an dem man den Harlekin und seine Späße, Akrobaten aller Art ebenso bewundern kann, wie man sich an gefälligen Singspielen erfreuen oder durch blutrünstige Bühnenspektakel erregen lassen darf.

Vor diesem Hintergrund – der die wesentlichen Elemente einer *Sozialgeschichte des Theaters* des 18. Jahrhunderts angibt – muß man die Geschichte auch des bürgerlichen Dramas im 18. Jahrhundert sehen. Wenn sich neuere literaturgeschichtliche Darstellungen der Dramatik dieser Epoche vor allem auf solche Werke konzentrieren, die Merkmale erkennen lassen, welche man als »bürgerlich« zu definieren geneigt ist – wie vorläufig dieser Begriff auch angesichts der sozial- und kulturgeschichtlichen Realität bleiben muß –, dann gibt es dafür gewiß gute Gründe. Denn das bürgerliche Drama und seine Vorformen stehen trotz der zahlenmäßigen Unterlegenheit in viel direkterer Beziehung zu den bewußtseinsgeschichtlichen und gesellschaftlichen Entwicklungen des Jahrhunderts als die strukturell und gehaltlich praktisch unverändert bleibenden oder sich nur unmerklich verändernden Spiele der Theatertruppen. Die Formen des bürgerlichen Dramas dokumentieren darum trotz ihrer theatergeschichtlichen Randstellung, auch trotz dem in ihnen fehlenden direkten sozialkritischen Zugriff, mehr von den entscheidenden sozialhistorischen Vorgängen und Bestrebungen der Zeit als alle anderen Werke zusammen. Ihre Geschichte beginnt definitiv um 1730, als in Leipzig unter Gottscheds entschiedener Führung eine der Tradition gegenüber veränderte Funktionsbestimmung des Bühnenspiels entwickelt wird, die schnell zu neuen Konzeptionen und Strukturen führt.

Bereits in den ersten Jahrzehnten nach 1700 hat das Schauspiel seine im vorangehenden Jahrhundert vorherrschende Bedeutung als religiös-christliches Weltspiel und als höfisch-repräsentatives Festspiel fast gänzlich eingebüßt. Die deutliche Verknüpfung mit fest umrissenen Gesellschaftsvorstellungen, mit bürgerlicher Weltanschauung im weitesten Sinne, die nun vor allem von Gottsched eingeleitet wird, macht aus Theater und Drama zielgerichtete Instrumente einer bürgerlichen Aufklärung. Wie im 17., bleibt das Drama dadurch auch im 18. Jahrhundert fest mit gesellschaftlichen Funktionen liiert; doch richtet es sich jetzt an ein anderes Publikum, dessen Sprecher es zugleich wird. Und auch wenn dieses Publikum sich zunächst aus einer kleinen Gruppe Gebildeter zusammensetzt – Autoren wie Rezipienten gehören der gleichen schmalen Schicht von Gelehrten, Beamten und Geistlichen an, in gewissem Sinne sind die Autoren zugleich die Rezipienten –, verstanden wird dieses Publikum, beziehungsweise versteht es sich selbst als ein für alle Menschen repräsentatives. Dieser umfassende Anspruch einer kleinen, sich überdies gerade erst als gesellschaftlich konstituierenden Gruppe hat eine inhaltlich-thematische Erweiterung des Dramas zur Folge, gleichzeitig jedoch auch eine Verengung. Ist seine Appellstruktur von der Art, daß es auch andere als bürgerliche Gruppen, daß es insbesondere auch die Hofwelt für die in ihm verkündeten Gesellschaftsreformen und Menschlichkeitsideale gewinnen will, tatsächlich steht das Drama im Dienste einer kleinen, sich als bürgerlich profilierenden Minderheit, deren besonderes Weltverständnis und deren spezifische Gesellschaftsauffassungen es verbreiten helfen soll.

Aus dieser inneren Widersprüchlichkeit ergibt sich ein eigenartig zwiespältiger Status des bürgerlichen Dramas innerhalb des geistig-sozialen Lebens. Was für seine Autoren und das mit ihnen übereinstimmende Publikum von fragloser inhaltlicher Verbindlichkeit ist, so verbindlich, daß der Fiktionscharakter des Theaterspiels gleichsam übersprungen werden kann, verbleibt für die meisten anderen eben in der Unverbindlichkeit des Spiels, vermag sie darum auch nur in sehr beschränktem Umfange zu erreichen. Daß Friedrich der Große Zeit seines Lebens von der deutschen Literatur und auch vom deutschen Drama seiner Epoche keine Notiz nimmt, findet seine Ursache nicht ausschließlich in seiner persönlichen Vorliebe für alle französische Kultur, sondern hat auch symptomatischen Aussagewert hinsichtlich der Wirkung des Dramas außerhalb der dieses Drama hervorbringenden Kreise.

Hiermit hängt etwas anderes eng zusammen. Obwohl das Drama des 18. Jahrhunderts in seiner Eigenart entscheidend durch soziale Bewegungen geprägt wird, ist dies doch nicht so zu verstehen, als spiegele sich in den einzelnen Werken die gesellschaftlich-politische Realität der Zeit, als werde diese auf der Bühne gleichsam reproduziert, selbst in den Werken nicht, die die Bezeichnung »bürgerlich« im Titel führen. Eigentliches Ziel des aufklärerischen Dramas ist die Durchsetzung eines Erziehungsprogramms, das sich auf bestimmte humane wie gesellschaftliche Grundüberzeugungen stützt, die jedoch nicht, auch im dramatischen Spiel nicht, in konfliktreicher Auseinandersetzung mit bestehender Wirklichkeit zum Siege führen, sondern dieser Wirklichkeit eher mit der Autorität und der Attitüde der besseren Einsicht entgegengehalten werden, in der Hoffnung, Kraft und Attraktivität der verkündeten Ideen würden für eine gleichsam kampflos sich einstellende Unterwerfung der Wirklichkeit sorgen. Das Drama der Aufklärung bleibt überwiegend Thesendrama, mit Zügen hochgradiger Stilisierung, auch wo es sich der Prosa des Alltags anzunähern scheint. Es gehört zur kennzeichnenden Eigenart des bürgerlichen Dramas, daß seine Helden zwar äußerst eloquent die gerechtere Welt beschreiben und die herrschenden Umstände beklagen können, daß sie sich in der Regel jedoch als Handelnde außerordentlich passiv verhalten, daß sie Konflikte eher durchleiden als aktiv überwinden (wollen). Es mag paradox klingen: Obwohl die Ideologie der Aufklärung ihrer Intention nach und gemessen am Zustand der sozialen Realität durchaus als eine offensive bezeichnet werden kann, befindet sich der bürgerliche Dramenheld ständig in der Defensive, wenn nicht gar im Rückzug.

Einer der Gründe für diesen auf den ersten Blick befremdlichen Status des Dramas im 18. Jahrhundert liegt in dem großen Vertrauen, das die Aufklärer dem (vernünftigen) Wort, dem Argument, allgemein der Überzeugungsstärke verbaler Kommunikation entgegenbringen: In Drama und Theater meint man besonders wirkungsvolle Institutionen einer öffentlichen Kommunikation zu besitzen. Die Bühne wird als Medium eines überall zu inszenierenden Gesprächs verstanden, in dem die richtige und logische Argumentation den einzelnen für sich gewinnen und über ihn eine »vernünftige« Gesellschaft mitbegründen soll. Man schreibt dem Theater Erziehungsaufgaben zu, die kaum andere sind als die von Unterricht, Ausbildung oder Studium. Wenn auch hiermit die Möglichkeiten des Theaters deutlich überschätzt werden, was bereits nach kurzer Zeit offensichtlich ist, hieraus erklärt sich wenigstens ein Teil der starken Verbalität der dramatischen Werke, die die Handlungsvorgänge in der Regel in den Hintergrund rückt. Daß in Lessings *Nathan* eine erzählte Parabel zum Ausgangspunkt der Verständigung und der Überwindung zunächst unüberbrückbar scheinender Gegensätze wird, hat sinnbildliche wie exemplarische Bedeutung. Letztlich soll jedes einzelne Drama als eine derartige Parabel verstanden werden, die zur Veränderung bestehender Verhältnisse, vor allem aber herrschender Denkgewohnheiten beitrüge. Von Gottsched bis Schiller dringen daher so gut wie alle Autoren darauf, das Theater aus einer Stätte des bloßen Vergnügens, des unverbindlichen Amüsements in eine »moralische Anstalt« zu verwandeln. Man ist wie nie vorher und nie später von der besonderen erzieherischen Wirkkraft des Dramas auf das gesamte gesellschaftliche Leben überzeugt. Charakteristisch ist hierfür auch die immer wieder verkündete enge Beziehung zwischen einem anspruchsvollen Drama (Theater) und dem »Wohl« der Gesellschaft. Die These, der »Nutzen« einer »wohleingerichteten Bühne« für das sittliche und soziale Leben des Staates und der Nation sei besonders groß, durchzieht wie ein roter Faden das Jahrhundert. Er reicht von Gottscheds Rede *Die Schauspiele und besonders die Tragödien sind aus einer wohlbestallten Republik nicht zu verbannen* (1729) über Johann Friedrich Löwens Diktum: »Eine Bühne, für deren Aufnahme unsre Dichter, die zugleich Philosophen sind, arbeiten, muß einem Staate der größte Vortheil seyn« (1766) [1], bis zu Johann Friedrich Schinks Meinung, gute Theaterstücke hätten einen überaus positiven Einfluß »auf das Wohl des Staats, auf Ruhe und Glückseligkeit der Bürger« (1782) [2], oder Schillers Worten in *Die Schaubühne als eine moralische Anstalt betrachtet* (1784).

In solchen Äußerungen artikuliert sich aufs neue der charakteristische sozial-politische Standort des Dramas im allgemeinen, der eher abstrakt als konkret, eher auf eine noch zu realisierende Zukunft gerichtet ist als auf die Auseinandersetzung mit dem Bestehenden. Die enge Verbindung, die im 18. Jahrhundert zwischen Theater und »Nation« gelegt wird, die daran geknüpften Hoffnungen hinsichtlich der Entstehung eines »Nationalcharakters«, der über die Grenzen der zahllosen deutschen Einzelstaaten hinweg eine sozial-sittliche Einheit schaffen soll, kulminiert in dem Streben nach der Gründung der Nationaltheater. Das Fiasko des Hamburger Unternehmens veranschaulicht jedoch in aller Schärfe die Diskrepanz zwischen den anspruchsvollen Plänen der Verfechter solcher Theater und des mit ihnen verbundenen sozial-aufklärerischen Programms einerseits und der sozialen wie mentalen Wirklichkeit andererseits, die derartige Projekte bloße Projekte bleiben läßt. Zur Geschichte des deutschen Dramas im 18. Jahrhundert gehört es auch, daß die Gründungen von Nationaltheatern nach dem gescheiterten Hamburger Experiment von den Höfen getragen werden beziehungsweise von ihnen ausgehen. Bereits äußerlich werden dadurch entscheidende Impulse der ursprünglichen Konzeptionen aufgegeben. Die hierin sichtbar werdende Schwächung der eigentlichen aufklärerisch-bürgerlichen Intentionen und Ziele findet im übrigen zur gleichen Zeit ihre Entsprechung in der immer häufiger anzutreffenden Forderung an staatliche Autoritäten und politische Obrigkeiten, die Verantwortung für die Verwirklichung der humanen und sozialen Postulate der bürgerlichen Bewegung auf sich zu nehmen. Man tritt die Eigeninitiative gewissermaßen ab an die politisch Mächtigen.

Die in modernen Augen beinahe schüchtern wirkende Stellungnahme, die das Drama des 18. Jahrhunderts gegenüber der sozial-politischen Realität einnimmt, hat ihre Ursache allerdings nicht in einer vorwiegend ängstlichen oder untertänigen Haltung seiner Autoren. Zu einem guten Teil rührt die Zurückhaltung aus der gerade mit Hilfe des Dramas angestrebten Selbstverständigung der sich langsam konstituierenden Mittelschichten, denen es darum vornehmlich auch auf eine Selbstdarstellung ihrer Erlebnis- und Lebenswelt ankommt und weniger auf eine konsequente und militante Konfrontation mit der von ihr abweichenden Realität. Dieses Streben findet u.a. in der vielzitierten Ansiedlung der Dramenhandlung in der nach außen weitgehend abgeschlossenen Privatsphäre der (Klein-)Familie signifikanten Ausdruck. Darüber hinaus aber kann dem Drama größere Aggressivität, eine generell kampffreudigere Disposition bereits wegen seiner ideologischen Fundierung im Welterklärungsmodell der Aufklärung kaum zufließen. Die dramatische Dichtung steht in ihrer überwiegenden Mehrheit im Dienste eines harmonisierenden Weltbildes, in dem Konflikte und Widersprüche a priori als vordergründige Probleme definiert werden. Der Glaube an eine auf die Dauer sich durchsetzende positive Weltordnung, die eine vernünftig und human eingerichtete gesellschaftliche Ordnung gewissermaßen selbstverständlich mit hervorbringe, bestimmt die spezifischen gehaltlichen Tendenzen der dramatischen Gattung. Die insbesondere von Gottsched im Anschluß an die Philosophie von Leibniz und Wolff entwickelte Gattungstheorie und -systematik hat gerade für das Drama entscheidendes Gewicht. Erst gegen Ende des Jahrhunderts löst es sich von den Grundvoraussetzungen und Rahmenbedingungen des Konzepts von Gottsched. Gottscheds Gattungskanon wird in direkter Übereinstimmung mit dem Leibniz-Wolffschen Sinnsystem zusammengestellt. Darin werden jeder

Einzelgattung bestimmte Aufgaben zugeordnet, die die verschiedenen Teilaspekte des Systems abdecken und dieses insgesamt repräsentieren. Den Gattungen werden genau umrissene Regeln der Auseinandersetzung mit Wirklichkeit vorgeschrieben, so daß die Gattungsordnung sich aus den inhaltlich angegliederten Gebrauchseffekten ergibt. Der Gattungsfächer ist nach einer Art Arbeits- und Aufgabenteilung angelegt. Auch Komödie und Tragödie, die bezeichnenderweise nicht zu einer übergeordneten Gattung »Drama« zusammengefaßt werden, erhalten auf diese Weise ihre unmißverständlichen Anwendungsbereiche, womit sie zugleich inhaltlich und gehaltlich festgelegt werden.

Weil jedes dramatische Einzelwerk sein eigentliches Zentrum in dem umspannenden weltanschaulichen System einer prinzipiell auf Harmonie und Ausgleich angelegten Ordnung besitzt, kann die in ihm gestaltete historische wie soziale Wirklichkeit folglich beinahe notwendigerweise nicht mehr als den stofflichen Ereignis- und Explikationsraum für die übergeordneten ideellen Leitgedanken abgeben. Die sozialen Implikate liegen darum in erster Linie in der unermüdlich wiederholten Behauptung der Vorläufigkeit und Überwindbarkeit einer ungerecht und widersprüchlich erscheinenden Wirklichkeit.

Aus der grundlegenden Beziehung auf einen ideellen Mittelpunkt ergibt sich sowohl für die Komödie als auch für die Tragödie eine sich stets reaktualisierende gattungsgebundene Struktur, die nicht nur die gehaltlichen Intentionen, sondern auch den dramaturgischen Bau des einzelnen Werkes vorzeichnet. Vor allem für die Tragödie hat das weitreichende Konsequenzen. Denn das vernünftig-positive Weltbild darf durch die tragische Handlung nicht in Zweifel gezogen werden, der Untergang der Helden darf keine Rückschlüsse auf die Ordnung der Welt zulassen. Die Hauptgestalten der Tragödie müssen daher aufgrund menschlicher Schwächen scheitern, die ihre eigenen oder die ihrer Gegner sind, menschlicher Schwächen, die aus mangelnder Einsicht in die Kraft von Vernunft und Tugend herrühren.

Diese gattungsspezifische Struktur einer »untragischen« Tragödie übernimmt auch das bürgerliche Trauerspiel der 50er und 60er Jahre fast unverändert. Nicht nur gibt es hier Trauerspiele mit einem happy end, sondern auch in den Fällen, wo Leiden und Tod die Oberhand behalten, hat man diese vor dem Horizont eines positiven Weltentwurfs zu sehen.

Die Konstanz einer gattungsspezifischen Gehaltsstruktur – die ihre entsprechende Parallele in der Komödie, letztlich in allen Gattungen hat – läßt die Kluft zwischen der Ideologie der Dramen und ihrem sozialrealen Kontext zunehmend größer werden. Das resultiert in die bekannten selbstisolierenden, resignativen und »larmoyanten« Selbstvergewisserungen, die zum eigentlichen Kennzeichen des bürgerlichen Dramas werden. Sozialgeschichtlich gesehen zeigt die Geschichte des bürgerlichen Dramas im 18. Jahrhundert eine zunehmende Reduktion des ursprünglichen Expansionsanspruchs, was die Gefahr einer reinen, in gewisser Weise weltabgewandten Selbstaffirmation der von einer Minderheit verteidigten Überzeugungswirklichkeit stets größer werden läßt.

Solche Merkmale gelten vor allem für das bürgerliche Drama im engeren Sinne und seine Spielarten. Man verzeichnete jedoch die Geschichte des deutschen Dramas im 18. Jahrhundert gründlich, identifizierte man sie mit der Genese und Entwicklung allein dieses Dramas (wozu die neuere Literaturgeschichtsschreibung deutlich neigt). Gerade die zwei Jahrzehnte zwischen 1750 und 1770 bringen eine Reihe von dramatischen Formen und Typen hervor, in denen nicht weniger aufschlußreiche Dokumente der historisch-literarischen Situation gesehen werden müssen als im bürgerlichen Drama. In ihnen werden – häufig in fast experimentellen Versuchen – das Erlebnis der Subjektivität, das eines der Schlüsselerlebnisse des Zeitalters bildet, aber auch Menschlichkeit und Leidensenthusiasmus anders als im bürgerlichen Drama zum Ausdruck gebracht. Und wo das bürgerliche Trauerspiel in resignativem Selbstmitleid zu ertrinken droht, offenbart erstaunlicherweise gerade die traditionelle heroische Tragödie, nicht selten ausgehend von durchaus bürgerlichen Denkidealen, manchen Ansatz eines aktiven Aufbegehrens gegen Leit- und Vorbilder, die den Einzelnen seiner Handlungsfähigkeit zu berauben drohen, sofern er den Grundsätzen des Guten nicht untreu werden will. Gelegentlich ist es unerwarteterweise die heroische Tragödie alten Stils, in der sich Kritik an der allgemein verbindlichen aufklärerischen Überzeugung in zeitgemäßer Form ausspricht. Repräsentativ für derartige Entwicklungen sind etwa die heute aus den Literaturgeschichten verschwundenen Werke von Christian Felix Weiße.

Die Gefahr einer nur weltabgewandten Selbstaffirmation, die insbesondere vom bürgerlichen Trauerspiel ausgeht, stößt auf diese Weise auf verschiedene und verschiedenartige Gegenbewegungen. Wenn sich auch die frühbürgerliche Dramenstruktur in den Schauspielen von Iffland, Schröder und Kotzebue in simplifizierter Form bis über die Jahrhundertmitte hinaus fortsetzt, seit den 60er Jahren des 18. Jahrhunderts läßt sich doch eine allmähliche Modifizierung und Auflösung gängiger Konzepte – sogar im bürgerlichen Trauerspiel – beobachten. Bereits in Lessings Dramen wird etwas von einer Absage an die selbstgenügsame Zurückgezogenheit des rechtschaffenen Lebens sichtbar, die eher wehrlos macht als eine verläßliche Ausgangsbasis für die Konfrontation mit der unnachsichtigen Realität des gesellschaftlichen Zustandes verbürgt. Der Optimismus, der von Lessing u.a. mit der aus dem Mitleidsethos abgeleiteten sozialen Fertigkeit in seinen theoretischen Schriften vertreten wird, ist in *Emilia Galotti* weitgehend verschwunden. Was bei Lessing noch im Rahmen einer aufklärungsinternen Kritik stattfindet – u.a. bleibt die Struktur seiner Dramen formal in Übereinstimmung mit der vielfach bewährten –, im Sturm und Drang erfolgt eine Auflehung gegen das System selbst, das an Glaubwürdigkeit eingebüßt hat. Äußerlich ist das bereits an der Auflösung eben der gängigen Gattungsstrukturen zu erkennen, die nun in einer fast ostentativen Lockerheit etwas von dem sich vom Kriterium der Vernunft abkehrenden Denken und Empfinden der Autoren wiedergeben. Literaturgeschichtlich zeigt sich der Protest überdies in der emphatischen Rezeption Shakespeares, dessen individuelle »Naturformen« gegen die Regeldichtung ausgespielt werden. Auch im Drama wird das Besondere in seinem Recht gegenüber dem Allgemeinen behauptet. Man besteht auf der Ich-Verwirklichung auch und gerade gegen die Familie, gegen die beengenden »bürgerlichen Verhältnisse« generell. Die beschwichtigende Attitüde eines auf die Zukunft und auf die Kraft der Vernunft vertrauenden moralischen Integritätsbewußtseins weicht der Ungeduld eines nach Aktivität drängenden Selbstbewußtseins. Die Verbindung zur Realität wird enger, die Sozialkritik der Dramen schärfer, die Verwendung zeitgeschichtlicher sowie historisch-politischer Stoffe verstärkt die gesellschaftskritische Zielsetzung. Doch auch jetzt repräsentiert das Drama nur eine Minderheit mit ihren speziellen Problemen und Ohnmachtsgefühlen. Im Grunde ist es noch weniger als zuvor Vertreter etwa eines sozialaktiven Programms: anderes als eine ästhetische Revolution hat auch das Drama des Sturm und Drang nicht erreicht. Am Ende geht seine Gesellschaftskritik in eine Kulturkritik über, die neue Möglichkeiten ästhetischer Produktion schafft. In den klassischen Dramen Goethes und Schillers wird auf das Streben nach einer Verwirklichung der humanen und gesellschaftlichen Entwürfe in der außerliterarischen Wirklichkeit überhaupt verzichtet. Mit ihnen ist die Phase des bürgerlichen, in all seiner Gebrechlichkeit doch implizit gesellschaftskritisch ausgerichteten Dramas des 18. Jahrhunderts an ihr Ende gelangt.

Die Zeit von 1680 bis 1730

Allgemeine Kennzeichen von Drama und Theater um 1700

Versteht man Erscheinen und Wirkung des bürgerlichen Dramas, insbesondere des bürgerlichen Trauerspiels, in der Mitte des 18. Jahrhunderts als ein aus sozialen und literarischen Entwicklungen gleichsam notwendig hervorgehendes Ergebnis, dann deutet man die Geschichte des Dramas seit dem ausgehenden 17. Jahrhundert bis ca. 1760 als teleologisch sich vollziehende Geschichte. Eine solche Deutung ist möglich und bis zu einem gewissen Grade sogar gerechtfertigt. Der heroisch-pathetischen Barocktragödie folgen Dramenformen, in denen ein bürgerliches Element, auf jeden Fall nicht- oder antihöfische Elemente, stets stärkeres Gewicht gewinnen. Selbst dort, wo in der ersten Hälfte des 18. Jahrhunderts das klassizistische Drama unter Gottscheds Ägide nochmals aufzuleben scheint, handelt es sich um einen anderen Klassizismus als den des 17. Jahrhunderts. Der Rigorismus der großen Leidenschaft ist nun gezähmt und der Denk- und Empfindungswelt auch des nichthöfischen Zuschauers näher. Daran ändert auch die höfisch-klassizistische Form der Werke nichts.

Doch auch wenn eine solche teleologische Deutung mit den gegebenen historischen, sozialen und literarischen Fakten in Übereinstimmung ist, darf sie doch nicht zu der Auffassung verleiten, als führte aus dem 17. Jahrhundert ein gerader Weg zum bürgerlichen Drama Lessings und seiner Zeitgenossen. Die einseitige Betonung sich mehr und mehr akzentuierender bürgerlicher Momente impliziert die Gefahr einer verfälschenden Verzeichnung zumindest einzelner Entwicklungstendenzen. Die um 1700 vollzogene Abkehr vom heroischen Dramenideal des Barock ist weder als eine programmatische Gegenbewegung gegen tradierte Dramenformen noch auch als programmatisches Suchen nach neuen, gar »bürgerlichen« Formen zu begreifen. Es handelt sich eher um das Absterben einer formstrengen Dramen- und Theaterkultur, um die Auflösung und das Erlöschen erstarrender Strukturen, die ihre Funktionen in der veränderten geschichtlichen Wirklichkeit eingebüßt haben. Diese geschichtliche Wirklichkeit ist unter anderem durch das Schwinden der dogmatisch-verpflichtenden konfessionellen Autorität (besonders im Norden Deutschlands) gekennzeichnet und durch die langsam einsetzende Erholung von den Verwüstungen des Dreißigjährigen Krieges. Sie wirken sich nicht zuletzt in wirtschaftlichen und wirtschaftspolitischen Neuerungen aus, in einer steigenden Bevölkerungszunahme wie auch in der sich ändernden Bevölkerungszusammensetzung, nicht zuletzt auch in der Veränderung der politischen Landkarte. In beinahe allen Lebensbereichen lockern sich traditionelle, die Lebensrealität bis dahin bestimmende und regulierende Gefüge oder verlieren doch ihren beherrschenden Einfluß. In dieser Zeit einer sich auflösenden Einheitlichkeit in allen Bereichen kann sich das gehaltlich wie formal scharf konturierte, seinen Zielpunkt in christlich-jenseitiger Orientierung findende Drama des 17. Jahrhunderts nicht länger behaupten; es kann weder die Probleme der neuen Epoche in sich fassen noch gar Lösungen oder Antworten offerieren.

Als eine Parallelerscheinung zu den sich außerhalb der Literatur vollziehenden Auflösungen beziehungsweise Veränderungen überkommener Strukturen kann die im Bereich des Dramas sich durchsetzende Gattungsauflösung und -vermischung verstanden werden. Die bis nach 1650 im allgemeinen streng eingehaltene Trennung zwischen Tragödie und Komödie ist seit dem letzten Drittel des Jahrhunderts beinahe überall aufgegeben. Besonders die von den Wanderbühnen bevorzugten Aufführungsformen veranschaulichen beispielhaft die weitreichende Gattungsvermischung. Bei ihnen gliedert sich ein Theaterabend meist in zwei ungleich große Teile: den größeren Teil (die Hauptaktion) bildet ein historisch-politisches oder mythologisches Schauspiel (die Staatsaktion), dem in der Regel ein kürzeres lustiges Nachspiel folgt. Aber nicht allein in dieser Kombination von Schauspiel und Komödie findet die eingreifende Gattungsvermischung statt, sondern vor allem in Anlage und Handlung der Haupt- und Staatsaktion selbst. In die meist in der höfischen Welt situierte historische Handlung sind komische Szenen eingeflochten, die sehr verschiedenen Funktionen dienen. Sie können verzerrender Spiegel der ernsten Handlung sein, sie können ein eigenes Ganzes formen, sie können jedoch auch aus unverbunden nebeneinander stehenden Szenen bestehen und einfach für komische, kontrastierende Wirkungen sorgen. Wie in fast allen komischen Spielen der Zeit zentrieren sich die lustigen Geschehnisse um den Hanswurst. Insgesamt sind die komischen Handlungen vom Einfluß französischer und italienischer Lustspieltraditionen, besonders der Commedia dell'arte (Improvisation, Charaktertypen), geprägt. Obwohl das Ineinander und Nebeneinander von Ernst und Komik, häufig durch Musik-, Gesang- und Balletteinlagen um weitere Dimensionen bereichert, in erster Linie einem großen Schaubedürfnis und der Erregung von spektakulären Theatereffekten dient, drückt sich darin doch auch ein gewisses Streben nach realistischer Darstellung aus, die krasse Derbheiten nicht scheut. Die Vorliebe richtet sich eindeutig auf

Mischformen, die in grellem Kontrast etwa zu den Literaturdramen von Gryphius oder Lohenstein stehen, auf Mischformen, wie sie das durch die englischen Komödianten nach Deutschland gebrachte Drama Shakespeares auszeichnet.

So wenig wie sich im sozialen und politischen Leben Deutschlands der Vorgang der Veränderung und Ersetzung überlieferter Einrichtungen und Institutionen in ostentativen, auffälligen Akten vollzieht, so wenig zeigt die dramatische Literatur der Zeit auffallende oder Aufsehen erregende, die Entwicklung unterbrechende Werke. Das deutsche Drama zwischen 1680 und 1730 ist durch eine Vielfalt von Formen gezeichnet, durch ein Nebeneinander von Traditionen und sich auflösenden Traditionen, von Zwischenformen und sich kurzfristig etablierenden Sonderformen, von ausländischen Einflüssen und eigenen, in der Mehrzahl schüchternen Neuansätzen. Im ganzen bietet es ein unübersichtliches Bild, eine Mischung aus Altem und Neuem, ohne wirklich zu charakteristischer Eigenart vorzudringen oder überhaupt Werke hervorzubringen, die mehr enthalten als die Befriedigung der kurzfristig-kontemporären Bedürfnisse. Die Dramenproduktion dieser Jahrzehnte ist uneinheitlich bis widersprüchlich, in manchem anachronistisch, indem sie etwas fortsetzt, das seine Bedeutung eigentlich schon verloren hat, in manchem vorausweisend, indem sie in einzelnen Werken Themen und Formen aufgreift, die erst in den 50er und 60er Jahren des 18. Jahrhunderts zu voller Geltung gelangen. Insgesamt überwiegt das Merkmal der Auflösung überkommener Gattungen und Strukturen gegenüber dem Bestreben, dem Alten und Tradierten Neues entgegenzustellen. Die ausgreifende Theaterkunst des 17. Jahrhunderts bleibt lebendig, wird zum Teil sogar noch gesteigert und dadurch natürlich auch verändert. Die Veränderung betrifft in erster Linie die Inhalte der Tragödie sowie deren feste Formstruktur. Beides wird gewissermaßen vom Theaterspiel selbst zurückgedrängt. Man kann in dieser Zeit durchaus von einer Vorherrschaft des Theaters und des Theatralischen sprechen, die über alle poetologischen Aspekte im engeren Sinne dominiert und generell das Zurücktreten des Gehaltlich-Inhaltlichen bewirkt. Das Theater steht nicht mehr – wie vordem – im Dienst der zu vermittelnden Botschaften. In die Zeit der letzten Jahrzehnte des 17. Jahrhunderts fallen bezeichnenderweise die ersten Versuche, eine Schauspieler- und Bühnenkunst theoretisch und praktisch zu begründen; auch das ein Symptom für die einsetzende Emanzipation der Schauspielkunst von der dramatischen Dichtkunst. Die Tendenz zu solcher Emanzipation ist außerdem in den Spielplänen und Aufführungspraktiken aller Theater zu finden, so unterschiedlich sie auch sozial fundiert sein mögen. Sie erfaßt die Hoftheater ebenso wie die städtisch-bürgerlichen Theatereinrichtungen oder die Wanderbühnen, selbst das protestantische Schultheater bleibt davon nicht unberührt. Überall läßt sich der Zug zur Selbstdarstellung des Theatralischen konstatieren, die Abkehr vom moralisch-ethischen Appell, die Akzentuierung des Schau-Spiels, die Hervorhebung theatralischer Effekte, die Betonung von Technik, Ausstattung und »Täuschung« der Bühne. Die Neigung zur Repräsentation (Hoftheater), zur Unterhaltung, ja zur Ablenkung von Arbeit oder Langeweile ist unverkennbar. Theater und Drama übernehmen stets deutlicher eine Art »Entlastungsfunktion«, die die von Moral und Belehrung ablöst. Das läßt den traditionellen Widerstand der Geistlichkeit gegen das Theater gerade um 1700 vielerorts erneut aufleben. Nicht überall ohne Grund, da sich das vitale, auf erregende Wirkungen abzielende Bühnengeschehen häufig als verwilderte, die Posse mit dem in ihr vorherrschenden Harlekin oder Pickelhäring in den Vordergrund rückende Aufführung realisiert.

Die Oper

Ein anschauliches Beispiel für die Vermischung ehemals streng getrennter und geschiedener literarischer Gattungen, aber auch für die sich überkreuzenden künstlerischen und nichtkünstlerischen Erwartungen sozial sehr heterogener Rezipientengruppen bildet die um 1700 alle Geister in Atem haltende Opernkultur. In der ersten Hälfte des 17. Jahrhunderts aus Italien und Frankreich eingeführt, in der Mitte des Jahrhunderts vor allem an den Höfen nachhaltig gepflegt, gelangt die Oper vor und nach 1700 zu Ansehen und Wirkung, die so stark sind, daß neben ihr alle anderen theatralischen und dramatischen Formen ein Schattendasein führen. Die Oper wird für die Zeitgenossen zur Verkörperung des Theatralischen schlechthin.

Verstanden und konzipiert als Wiederaufnahme und Fortsetzung der griechischen Tragödie (Chordrama) war die Opernliteratur zunächst den gleichen poetologischen und sittlichen Postulaten wie das Drama des 17. Jahrhunderts unterworfen. Doch bald überwand die innere Wirkkraft der aus verschiedenen Einzelkünsten zusammengesetzten »Allkunst«, besonders unter dem Einfluß italienischer Werke, alle traditionellen Form- und Gehaltsvorschriften. Die theatralisch-illusionären Effekte traten mehr und mehr in den Vordergrund. Vor allem an den Höfen machte man von der Möglichkeit Gebrauch, prunkvolle Feste durch kostbare Operninszenierungen zu steigern und zu krönen. Nach wenigen Jahren gehörte es zum Standard der gesellschaftlich-politischen Selbstdarstellung auch der kleinen

Höfe, Opernaufführungen zu organisieren; wo man nicht über eine Opernbühne mit festem Ensemble verfügte, sorgte man dennoch für mehr oder weniger regelmäßige Aufführungen. An den Höfen mit eigenem Opernhaus gehörten Musiker und Sänger zum Hofstaat, häufig mit unverhältnismäßig hohen Gehältern versehen – Symptom der Rolle, die der Opernkultur im öffentlichen Leben der Höfe zufiel. Vor allem um die begehrten italienischen Sängerinnen entstand eine Art »Starkult«, der mit seinen Skandalen und Affären das Leben in der Residenz mit profilierte. Im internationalen diplomatischen Schriftverkehr spielten Fragen des Engagements ausländischer Künstler eine nicht unbedeutende Rolle. Manchem kleinen Fürsten wuchsen die Kosten des Opernwesens über den Kopf, Steuererhöhungen oder Verkäufe von Land und anderem Besitz mußten zur Verringerung der Schulden beitragen.

Obwohl immer wieder die Vereinigung der Künste Musik, Dichtung und Tanz als besonderes Qualitätsmerkmal der Oper beschworen wurde (wobei es sich letztlich eher um ein Nebeneinander der Künste handelte, nicht um ein Gesamtkunstwerk im Sinne Richard Wagners), ging es doch nicht primär um den ästhetischen Genuß des Kunstwerks, sondern die an den Höfen gepflegte Oper erfüllte in erster Linie den Drang nach öffentlich-gesellschaftlicher Selbstdarstellung. In der Oper sah man das Medium par excellence, in dem man sich selbst als galante und elegante Gesellschaft wiedererkennen konnte. Die Opernillusion wurde als die idealisierte Spiegelung des eigenen Status erfahren. Die Oper gehörte wie die Bälle und Feste des 17. Jahrhunderts zu den direkten Äußerungen höfischer Gesellschaft, in denen ihr Eigenverständnis sichtbar wurde. Vom Lever des Sonnenkönigs in Paris über die Versaille nachgeahmten Schlösser und Gärten und die glänzenden Feste in den französisch nachempfundenen Architekturen und Parkanlagen bis zur alle Bühnenregister benutzenden Opernaufführung – alles gehörte zusammen und fügte sich zum Bilde aus Wirklichkeit und Schein, in dem man sich selbst dargestellt meinte. Die mythologischen Masken der »gesungenen Tragödie« entsprachen den Rollen der Hofgesellschaft, sie wurden zu Spiegelbildern und zugleich zur Demonstration der höfischen Selbstrepräsentation. In den Prologen und Epilogen wurden die Landesväter und -mütter direkt angesprochen. Die Galanterie verlangte in jeder Oper als Basis der Handlung eine Liebesintrige, um die darum eine jede Stoffvorlage skrupellos erweitert wurde, ganz gleich ob die Stoffe aus der griechischen Tragödie, aus der Bibel oder aus der Historie das zuließen oder nicht. Auch das ist Teil des leicht durchschaubaren Gewandes, in das man sich auf der Bühne gekleidet sehen wollte. Die Einschätzung des eigenen Status war so fraglos, daß der beklemmende Kontrast zwischen dem verschwenderischen Glanz der Oper, in Verbindung mit ihrer perfekten theatralischen Illusion, und dem täglichen Leben der Untertanen nicht registriert oder als selbstverständliche, gottgewollte Gegebenheit betrachtet wurde.

Trotz ihrer extremen Standesgebundenheit aber bleibt die Oper auf die Dauer nicht das Reservat höfischer Selbstdarstellung. Im letzten Viertel des 17. Jahrhunderts wird auch das bürgerliche, vor allem das städtische Publikum in ihren Bann gezogen. In Dresden, Braunschweig, Hamburg und anderen Orten entstehen Opterntheater, die auf geschäftlicher Basis betrieben werden. Zum Teil übertreffen die städtischen Theater die Residenztheater sogar noch an Pracht- und Technikentfaltung. Jedenfalls wird das von Zeitgenossen für die Hamburger Opernbühne behauptet, auf der zwischen 1678 und 1738 nicht weniger als dreihundert Opern zur Aufführung gebracht werden. Man kann den vor allem in Hamburg bisweilen großen Inszenierungsaufwand durchaus als Zeichen für ein erstarkendes Selbstbewußtsein des städtischen Bürgertums interpretieren, das die Konkurrenz mit den Höfen nicht scheut und seine steigende Wohlhabenheit sowie seine größer werdende gesellschaftliche wie wirtschaftliche Macht in der »eigenen« Oper ausgedrückt sehen will. Entscheidend ist, daß die Oper um 1700 ihren nur ständischen Charakter verliert, daß in ihr nichthöfische Inhalte aufgenommen werden, daß in ihr sogar gewisse nationale Aspekte zur Geltung gelangen. Mit vielen Einschränkungen könnte man von der Hamburger Opernbühne sogar als von einer Art erstem deutschen Nationaltheater sprechen. Jedenfalls wird in Hamburg die italienische Oper, die an den Höfen absolut dominierte, fast völlig in den Hintergrund gedrängt; sofern man keine deutschen Originalwerke spielt, benutzt man Übersetzungen, in Einzelfällen werden Übersetzungen sogar im Programmheft gedruckt. Berühmte deutsche Komponisten wie Georg Friedrich Händel und Georg Philipp Telemann arbeiten für die Hamburger Oper, wenngleich diese ihren großen Namen vor allem dem Kapellmeister Reinhard Keiser verdankt, der mehr als hundert Werke verfaßt hat.

Das Hamburger Beispiel kann in aller Deutlichkeit veranschaulichen, wie um die Wende vom 17. zum 18. Jahrhundert die Oper fast gänzlich den Platz der Literatur eingenommen hat. Die Hamburger Librettisten Christian Friedrich Hunold (bekannt unter dem Dichternamen Menander) und Friedrich Bressand sehen in der Oper die repräsentative Form des zeitgenössischen Theaterstücks, vor allem dann, wenn – was die Poetiken der Zeit sämtlich fordern – den Forderungen des Galanten genügt werden soll. Bressand, aber auch etwa der Hamburger Librettist Barthold Feind werden in ganz Deutschland als Dichter gepriesen. Auch das Ansehen des Dresdner

Hofpoeten Johann Ulrich König, der ebenfalls für die Hamburger Oper arbeitet, gründet sich zum großen Teil auf seine Operntexte. Die Anziehungskraft der Oper auf Dichter war so allgemein und so groß, daß sich sogar der Satiriker Christian Reuter zur Abfassung von höfischen Festspielen bereit findet. Auch der Dramatiker Johann Christian Hallmann arbeitet nach 1690 eigene und fremde Tragödien zu Opern um.

Das Hamburger Repertoire schließt keine Form oder Gattung der Oper aus. Es umfaßt Werke in prunkvoller Ausstattung und virtuos-italienischem Gesangsstil, kammermusikalisch besetzte Werke und Lokalstücke, zum Teil im Dialekt. Die Stoffe stammen aus der antiken Mythologie, der römischen und griechischen Geschichte, aber auch aus neuerer und neuester Geschichte (*Masagniello furioso*, 1706; *Von dem Erhöhten und Gestürzten Cara Mustapha*, 1686, ein Werk, das die Belagerung Wiens durch die Türken im Jahre 1683 behandelt) oder aus der Hamburger Lokalgeschichte (*Störtebecker und Jödke Michaels*, 1701; *Der Hamburger Jahr-Marckt Oder der Glückliche Betrug*, 1725; *Die Hamburger Schlacht-Zeit/Oder der Mißlungene Betrug*, 1725). Mit dem Blick auf die Geistlichkeit spielt man regelmäßig auch religiöse Werke, wie etwa zur Eröffnung 1678 *Adam und Eva. Der erschaffene/gefallene und auffgerichtete Mensch,* ein Werk, das auf ein altes Mysterienspiel aus dem Jahre 1580 zurückgeht. Das läßt zwar wiederholte Angriffe von Seiten der Kirche gegen Theater und Oper nicht verstummen, doch kann man unter anderem dadurch eine Schließung des Hauses verhindern, im Gegensatz etwa zu Halle, wo im Jahre 1700 die Pietisten dafür sorgen, daß jede Form von Theater verboten wird. Gelegentlich sieht man sich in Hamburg sogar von Geistlichen unterstützt, wie 1688 von dem Pastor Hinrich Elmenhorst, der der Oper »Erbauung und Tugend-Wandel« [3] zuschreibt.

Im ganzen deuten sich um und nach 1700, zugespitzt im Hamburger Beispiel, in der Oper Entwicklungen an, die auf ein deutsches Theater zielen, das nicht nur höfischen oder religiösen Zwecken dient. Die Übereinstimmungen mit zeitgenössischen und späteren Lustspielformen sind vielfältig. Eine solche, mehr zu bürgerlichen Inhalten sich wendende Neigung kann konstatiert werden, auch wenn alte Stiltraditionen der höfischen Oper des 17. Jahrhunderts auch in Hamburg nicht ausgeschlossen, bestenfalls angepaßt werden. So wird zum Beispiel in die Geschichte des aufständischen Fischers Masagniello das Schicksal verschiedener adliger Liebespaare geflochten oder endet Christian Heinrich Postels *Iphigenia* (1699), die die Euripideische Opferungsgeschichte zur Vorlage hat, mit zwei Brautpaaren. Alles in allem jedoch ist die Umwandlung der barocken Repräsentationsspiele in mehr realistische Theaterwerke, sofern die damalige Inszenierung

Realismus überhaupt zuläßt, ein deutlich erkennbarer und nicht zu unterschätzender Vorgang. Wie außerdem die kunstvolle Arienkultur nicht ohne Einfluß auf die deutsche Lyrik bleibt, kann hier nicht ausgeführt werden. Nicht zuletzt durch die heftige Polemik, die unter Gottscheds Führung besonders von Leipzig aus gegen die Oper geführt wird, kommen derartige Entwickungsansätze nicht zu wirklicher Entfaltung. Auch das Ende der Hamburger Oper 1738 ist mit verursacht durch Gottscheds unnachsichtiges Agieren gegen das Musiktheater. Mit dem Ende der Hamburger Oper ist zwar die Geschichte der Oper und des Singspiels im 18. Jahrhundert keineswegs generell beendet, denn besonders nach 1760 erleben beide eine neue große Blüte; doch die nichthöfische Entwicklungslinie ist vorläufig abgebrochen, die mögliche Verbindung zum Sprechdrama unterbunden. Allerdings ist auch die Geschichte der höfischen Oper um 1750 mehr oder weniger beendet. Wenngleich es Ausnahmen gibt. Eines der ersten Projekte, das Friedrich II. nach seiner Thronbesteigung 1740 in Angriff nimmt, ist der Bau eines Berliner Opernhauses. Hier jedoch inszeniert man bis weit über die Mitte des Jahrhunderts hinaus nicht für die Berliner Bürger, sondern nur für den Hof. Die Zuschauerschaft besteht ausschließlich aus Gästen, die der König persönlich einlädt.

Christian Weise

Neben den meist fremdsprachigen, vor allem französischen Hofbühnen und den Opernhäusern gibt es um und nach 1700 in Deutschland nur zwei Arten von Theatern, in denen Dramen regelmäßig zur Aufführung gelangen. Beide erhalten sich bis weit über die Mitte des 18. Jahrhunderts: die Wanderbühnen und die Schultheater. Die einen sind fast ausschließlich auf wirksame Effekte aus, auf die möglichst vollständige Ausnutzung und Befriedigung der Schau-Lust, ihre Spiele verfaßt von Theaterprinzipalen und Schauspielern, die dabei Gebrauch machen von der gesamten europäischen Theatertradition; die anderen sind religiösen Zwecken dienstbar, meist trocken und sparsam, was die theatralischen Wirkungen betrifft, ihre Werke geschrieben von Gelehrten und Geistlichen. Sind die Stücke der Wanderbühnen von geringem literarischem Wert, weil sie sich völlig den Bedürfnissen der Unterhaltung unterordnen, die Werke der Schultheater sind es ebenfalls, weil sie in pedantisch-lehrhafter Manier »Wahrheiten« katholischer oder protestantischer Provenienz in theatralischer Einkleidung vermitteln. Mag dabei auch das süddeutsche katholische Schultheater das norddeutsche protestantische an rein theatralischer Qualität übertreffen, dieser Vorteil wird zunichte gemacht durch die Tatsache, daß man dort bis nach 1750 fast ausschließlich lateinische Werke aufführt.

Die Ausnahme unter den unbekannt gebliebenen Autoren der Schultheater ist Christian Weise, dessen Name auch heute noch genannt wird. Seit 1678 Rektor am Gymnasium in Zittau, bringt er jährlich drei von ihm selbst verfaßte Dramen durch seine Schüler und für seine Schüler zur Aufführung. Er hinterläßt ein Oeuvre von beinahe sechzig Dramen.

Auch Weises Werke verdanken ihren Ruf nicht ihrer literarischen Qualität. Unter den fünf Dutzend seiner Stücke gibt es nicht wenige, die langweilig und umständlich sind. Manches in ihnen, was heute als Unbeholfenheit verstanden wird, kann bedingt sein durch Weises Streben, möglichst viele Schüler an den Aufführungen zu beteiligen. Einige Stücke kennen bis zu einhundert Rollen. – Der Wert der Weiseschen Dramen ist in erster Linie ein literaturgeschichtlicher. Nicht nur in dem Sinne, daß sie vom üblichen Schultheater auffallend abweichen. In ihnen vereinigen sich vielmehr die unterschiedlichsten sozialen, literarischen und historischen Elemente der Zeit in all ihrer Widersprüchlichkeit und Heterogenität zu einem charakteristischen Ganzen, das trotz seiner Ganzheit das Widersprüchliche und Heterogene nicht beseitigt, sondern gerade zum Ausgangspunkt und zur Basis zugleich macht. Traditionen der barocken Tragödie finden sich ebenso wie Einflüsse des Wandertheaters, insbesondere in der Gestalt des Harlekin, ein gewisses bürgerliches Selbstbewußtsein verbindet sich mit den alten Lehrprinzipien des Schultheaters, Einwirkungen der Oper – Weises Prosatragödien kennen eingefügte Arien – stehen neben solchen der politischen Staatsaktion. In ihrer Gesamtheit vermitteln die historischen Tragödien, biblischen Schauspiele und satirischen Komödien sowie ihre vielfältigen Vermischungen das Bild einer verwirrenden Vielfalt, das als eine Art Spiegelbild historischer Wirklichkeit gesehen werden kann, in der klare Abgrenzungen und eindeutige Markierungen ebenso fehlen wie in Weises Dramen.

Vorherrschendes Kennzeichen aller Werke ist die resolute Abkehr vom religiösen Pathos des 17. Jahrhunderts. Sie kennen den barocken Gegensatz zwischen irdischer Vergänglichkeit und himmlischer Jenseitsverheißung nicht mehr. Selbst in den historischen Tragödien fehlt die Spannung zwischen Diesseits und Jenseits als Fundament der Handlung und Ansporn menschlichen Verhaltens. An die Stelle religiös-pathetischer Attitüden und Maximen ist eine prosaische Diesseitigkeit getreten, wenn man so will, eine nüchterne Sachlichkeit, die die Welt so nimmt, wie sie sich darbietet, die sich in der Welt einrichten will und in ihr überleben. In dieser Welt befindet sich das Komische und Lächerliche in unauflöslicher Verbindung mit dem

Ernsten und Erhabenen, ja dem Tragischen. Narrengestalten aller Schattierungen gehören denn auch zum festen Personal der Weiseschen Tragödien. Sachlichkeit, fast ironische Kühle charakterisiert auch die Sterbeszenen der großen Heroen aus der Geschichte. Den mächtigen Herrschern und Politikern wird die große Todesszene vorenthalten, einschließlich des obligaten Abschiedsmonologs. In dem Trauerspiel *Der Gestürzte Marggraf von Ancre* (1679) wird die Titelfigur, die die Regierungsgeschäfte des jungen Königs Ludwig IX. führt und den Intrigen französischer Fürsten erliegt, unauffällig am Hintereingang des königlichen Palastes ermordet. Weise gewährt dem Tod seines Titelhelden nicht mehr als eine Regieanweisung:

(Sie kommen insgesamt heraus / und schreyen / schieß Tod / schlag zu / in währendem Geschrey geschehen vier Schüsse / damit fällt der Marggraf zu Boden.) [4]

In Weises Tragödie ist der Tod nicht die Folge von unvereinbaren Gegensätzen ontologischer, religiöser oder sittlicher Standpunkte, nicht die Folge grundsätzlicher Alternativentscheidungen für oder gegen die Tugend, sondern der Tod ist das Ergebnis politisch-gesellschaftlicher Konstellationen, die Konsequenz menschlichen Handelns, das sich im eher chaotischen Kräftespiel des Lebens behaupten will. Der Mensch kann nur als homo politicus bestehen. Diese Richtschnur gilt für den Bürger nicht weniger als für den Herrscher oder den Höfling. Weises Dramen haben ihr gehaltliches Zentrum darum in dem Streben, dem Zeitgenossen seine politisch-gesellschaftliche Rolle bewußt zu machen und ihn darin zu stärken. Auch die Schüler, die Weise seine Stücke aufführen läßt, sollen Nutzen ziehen aus dem Blick, den sie mit Hilfe des Theaterspiels in die Wirklichkeit des historischen sozialen Lebens werfen. »Weltklugheit«, am besten in Verbindung mit rhetorischen Fähigkeiten und dem Vermögen, sich und sein Handeln den wechselnden Situationen schnell anzupassen, ist darum nach Weise die nützlichste nicht nur, sondern auch die wichtigste Eigenschaft, die der Mensch als soziales Wesen erwerben kann. Am konkretesten verkörpert ist diese Eigenschaft in der Narrengestalt. Sie taucht bei Weise in unzähligen Varianten auf, die vom primitiven Spaßmacher bis zum philosophisch-weisen Narren Shakespearescher Prägung reichen. Die zahllosen Harlekine, Pickelhäringe und Dienergestalten überleben alle Tod und Schrecknis ihrer Umgebung, ja wissen sich auch die traurigsten Ereignisse noch nutzbar zu machen. In *Masaniello* verkauft der Narr am Ende Teile des zerstückelten Leichnams des Titelhelden. So verzerrend und karikierend derartige Szenen und Motive auch anmuten mögen, in ihnen spricht sich ein Gutteil Weisescher Grundüberzeugung aus.

25

In den Tragödien und ernsten Schauspielen ist regelmäßig von Gottes Vorsehung die Rede, die dafür sorge, daß die Welt immer wieder in Ordnung komme. So auch zum Beispiel in der Nachrede des *Trauer-Spiels Von dem Neapolitanischen Haupt-Rebellen MASANIELLO* (1682). Doch sind solche Worte kaum mehr als leere Formeln, will man sie nicht gar so verstehen, daß Gottes Fügung eben darin besteht, daß die Welt so ist, wie sie ist. Auf keinen Fall entheben sie den Menschen der Verantwortlichkeit sich selbst gegenüber, die sein soziales Handeln zu leiten hat. Die implizite Lehre des *Masaniello* ist denn auch keineswegs allein die Verurteilung des durch den neapolitanischen Fischer geleiteten Aufstandes, sondern zugleich auch eine Rechtfertigung der Rebellion, da der regierende Adel durch seine bürgerfeindliche und ausbeuterische Regierung den Aufstand selbst provoziert. Am Ende, nach der Niederschlagung der Revolution, stellt der Herzog Matelone fest:

Ich freue mich über einen so gewünschten Ausgang. Noch viel mehr aber danck ich dem Gelücke / daß der Adel noch nicht gantz vertilget ist / und daß wir ins künfftige bessere CONSILIA fassen können solches Unheil zu verhüten. [5]

Andererseits ist Masaniellos Aufstand keineswegs als Plädoyer für eine bürgerliche Emanzipation oder als Ausdruck der Kritik an der ständisch organisierten Gesellschaft zu verstehen. Letztlich dient die Revolution der Wiederherstellung der richtigen und gerechten sozialen Hierarchie. Masaniello selbst begreift seine Aktion durchaus in diesem Sinne. Er sieht deshalb seine durch Gewalt errungene Herrschaft als eine nur zeitweilige, und seine Tragik entsteht unter anderem dadurch, daß seine Gegner es ihm unmöglich machen, in seine einfache Fischerexistenz zurückzukehren.

Auch Weises Komödien konzentrieren sich auf die satirische Darstellung politisch-sozialer Themen. Wie in den Tragödien geht es auch in den Lustspielen darum, dem Zuschauer die Augen über die Realität des gesellschaftlichen Lebens zu öffnen, ihn zu wappnen für die Rolle, die er selbst darin spielen muß. Mit diesem belehrenden Grundzug, der sich auf das soziale Verhalten des Zuschauers richtet, rücken Weises Komödien in eine gewisse Nähe zum sächsischen Typenlustspiel. Gelegentlich werden sogar Themen des Lustspiels um 1750 vorweggenommen, wie etwa in der *Unvergnügten Seele* (1690), in der die Hauptgestalt an unheilbarer Melancholie leidet. Bezeichnenderweise jedoch und im Gegensatz zur Komödie der Gottschedära ist Vertumnus' Krankheit durch die Gesellschaft verursacht und kann gewiß nicht durch sie geheilt werden.

Hier und in anderen Bereichen zeigt sich der doch relativ sehr weite Abstand Weises von genuin aufklärerischen Positionen. Weises Darstellung der sozialen Realität vermeidet alle Idealisierung und entbehrt aller Intention zur Veränderung oder Reform des Bestehenden. Seine Lustspiele enthüllen unbarmherzig die treibenden Kräfte der historisch-sozialen Wirklichkeit: Egoismus, Machtstreben, Intrigen, aber auch Eitelkeit und Dummheit. Diese Kräfte sieht er überall anwesend, es mag sich um das Kleinstadtleben (*Bäuerischer Machiavellus*, 1679), um das Hofleben (*Ein wunderliches Schau-Spiel vom Niederländischen Bauer*, 1685) oder auch um bestimmte menschliche Handlungsweisen wie etwa das ehrgeizige Karrierestreben eines Bürgers (*Vom verfolgten Lateiner*, 1696) handeln. Nurmehr als Ausnahme findet sich eine nichtkritische Zeichnung bürgerlicher Tugenden (*Curieuser Körbelmacher*, 1702).

Es ist die nüchtern-sachliche Perspektive, in der Leben und Welt bei Weise erscheinen, die seine Werke von allen zeitgenössischen abhebt, die ehrliche und realistische Haltung, die bereit ist, die Welt in ihrer Diesseitigkeit zu akzeptieren. Auch derjenige, der nicht zu den Mächtigen und Reichen gehört, darf sich als Person und Mitglied sozialer Verbände ernstnehmen, soll sich behaupten dürfen. Darin kann man so etwas wie einen bescheidenen und in all seiner Bescheidenheit gänzlich pragmatischen Willen zur Selbstbehauptung und Selbstdarstellung auch des Bürgers erkennen. Doch hat dieser Wille wenig zu tun mit dem Ehrgeiz der späteren Aufklärer, die Welt nach ihren bürgerlichen Idealen einzurichten und an ihnen zu messen. Weises Credo ist die Überzeugung, daß die Welt im Grunde unveränderbar sei und daß es darum am klügsten sei, das Spiel, das die politisch verstandene Wirklichkeit verlange, nach besten Kräften mitzuspielen. Daß die Aufklärer, trotz ihrer grundsätzlichen Übereinstimmung mit Weises Ablehnung des barocken »Schwulsts«, mit dem Zittauer Schulrektor nur wenig anzufangen wissen, hat seinen Grund sicher auch darin, daß sie sich gerade nicht mit der Gegebenheit von Welt und Gesellschaft, wie sie sie vorfinden, zufrieden geben wollen.

Die Situation vor Gottsched

Vergegenwärtigt man sich, welch relativ hohes Niveau die deutsche Dramen- und Theaterkultur in der Mitte des 18. Jahrhunderts erreicht, nicht zuletzt in Verbindung mit neuen, im öffentlichen Leben einflußreichen sozial-weltanschaulichen Entwicklungen und Strömungen, dann wird das volle Ausmaß der eingreifenden Veränderung und der Leistung, die dieses Niveau ermöglichen, in seinem qualitativen und quantitativen Umfang erst deutlich, wenn man sich gleichzeitig der Situation von Drama und Theater um 1720 erinnert. Sieht man von der Oper und dem im Prinzip einflußlosen Schultheater ab, gibt es nirgends ein einigermaßen anspruchsvolles deutsches Theater. Die Wanderbühnen beherrschen mit ihren Programmen des bedingungslosen Amüsements die Szene. In seiner Vorrede zum *Sterbenden Cato* (1732) beschreibt Gottsched den Zustand gewiß wahrheitsgetreu:

Allein, ich ward auch die große Verwirrung bald gewahr, darin diese Schaubühne steckte. Lauter schwülstige und mit Harlekins Lustbarkeiten untermengte Haupt- und Staatsaktionen, lauter unnatürliche Romanstreiche und Liebesverwirrungen, lauter pöbelhafte Fratzen und Zoten waren dasjenige, so man daselbst zu sehen bekam. [6]

In die Spielpläne dieser Art verirren sich gleichsam nur per Zufall vereinzelt Prosabearbeitungen vor allem englischer und französischer Tragödien des 17. Jahrhunderts, wie etwa Corneilles *Cid*. Gottsched ist vom desolaten Zustand des deutschen Theaters derart betroffen, daß er sogar in Widerspruch mit seinen eigenen Auffassungen über die Dramatik des Barock gerät und dem Leiter der Königlichen Sächsischen Hofkomödianten Karl Ludwig Hofmann vorschlägt, die Werke von Gryphius zur Aufführung zu bringen. Die Antwort ist, daß, auch wenn man wollte, solche Werke beim Publikum nicht erwünscht wären. Gewiß kann man an Gottscheds Feingefühl für mögliche Keime einer künftigen deutschen Dramatik im vorliegenden Repertoire – zum Beispiel auch in der Oper – mit allem Recht zweifeln, seine Einschätzung der bestehenden Situation, nach der »die deutsche Bühne noch in solcher Verwirrung« sei, ist jedoch durchaus richtig [7]. Und gewiß ist er auch berechtigt, auf die große »Verwegenheit« hinzuweisen, mit dem *Sterbenden Cato* eine Tragödie in Versen drucken zu lassen [8].

Gottscheds erste regelmäßige Tragödie *Sterbender Cato* ist die einzige aus den ersten drei Jahrzehnten nach 1700. Was sonst in die Nähe eines Trauerspiels oder eines ernsthaften historischen Schauspiels kommt, wird bestenfalls als Oper konzipiert. Das Fehlen der Werke findet seine Parallele in der Abwesenheit jeglicher theoretischer Reflexion über das Drama, insbesondere über die Tragödie. Das Ideal ist die »galante« Poesie, die sich besser auf der Opernbühne als im Theater des Sprechdramas verwirklichen lasse. Ähnliches gilt für die Gattung der Komödie, die hauptsächlich in ihrer primitivsten Form der Harlekinade existiert. Johann Ulrich König, der sich vor allem als Operndichter einen Namen gemacht hatte, veröffentlicht 1725 eine auf französischer Vorlage beruhende Szenenfolge mit dem Titel *Die verkehrte Welt*, die dem Wesen eines Lustspiels noch am nächsten kommt und vermutlich überhaupt das literarisch beste Werk aus dieser Zeit ist. Es ist die Satire in Form einer Utopie auf die eigene reale Gegenwart: alle negativen Erscheinungen der Wirklichkeit sind in ihre positiven Spiegelbilder verkehrt. Diese Gegenwelt wird vom Zauberer Merlin beherrscht. Dem Zuschauer wird die Moral dieser Utopie auf trocken-belehrende Weise mitgeteilt, fast in Form eines Traktates, so daß auch hier für die eigentlich komischen Effekte wiederum die Narren Harlekin und Scaramutz verantwortlich sind, die die Reise in die idealisierte Gegenwelt unternehmen. Die auf Moral und sittliche Aufklärung gerichtete Absicht ist unverkennbar. Sie verwirklicht sich allerdings auf Kosten der theatralischen Substanz. Immerhin wird der Versuch unternommen – sicherlich auch unter dem Einfluß der Moralischen Wochenschriften –, ein Werk zu schaffen, das nicht nur Amüsement vermitteln will.

Spuren einer solchen moralischen Ernsthaftigkeit finden sich auch in Königs zweiter Komödie *Der Dreßdner Frauen Schlendrian*, ebenfalls aus dem Jahre 1725. Allerdings wird hier die satirische Kritik wieder fast gänzlich verdeckt durch die bis zur Zote reichenden Späße des im Zentrum stehenden Harlekins. – Mit dieser Komödie greift König eine Tradition auf, die um 1700 durch Christian Reuter inauguriert worden war. In seinem Lustspiel *L'honnète Femme Oder die Ehrliche Frau zu Plißine* (1695) und dessen Fortsetzung *La Maladie et la mort de l'honnete Femme, das ist: Der Ehrlichen Frau Schlampampe Krankheit und Tod* (1696) wählt Reuter sich konkrete, dem einzelnen Zuschauer bekannte Personen und Ereignisse zur Zielscheibe seines Spotts. Der Angriff ist so direkt und persönlich, daß sie dem Autor Bestrafung und Relegation von der Universität eintragen. Es sind Lokalsatiren, in denen ein deutliches kompositorisches Prinzip fehlt. Das episodisch gegliederte Geschehen wird durch die im Mittelpunkt stehenden Charaktere zusammengehalten. Auch in *Graf Ehrenfried* (1700), in dem Lebensstil und -art des »Bettelladels« Ziel des Angriffs sind, ist der pasquillenhafte Charakter nicht überwunden.

Eine Art Kontinuierung des von Reuter und König vertretenen Komödientyps der Lokalsatire stellen schließlich auch die drei Lustspiele dar, die Christian Friedrich Henrici unter seinem Dichternamen Picander 1726 mit dem Titel *Teutsche Schauspiele* veröffentlicht. In der Vorrede führt er gewichtig aus, daß es ihm um die Anprangerung von Lastern gehe. Tatsächlich richten sich die Spiele gegen allgemeine, in diesem Fall auf Leipziger Gegebenheiten zugespitzte Laster. Im *Akademischen Schlendrian* werden die Untugenden des studentischen Lebens bloßgelegt, *Der Säuffer* führt in satirischer Übertreibung die Folgen eines ausschweifenden Lebenswandels vor und die *Weiber-Probe oder die Untreue der Ehe-Frauen* geißelt die zweifelhafte Moral der Leipziger Ehefrauen. Doch auch in diesen Stücken dominiert die eigenwertige derbe Komik, die sich in zahlreichen Verkleidungsszenen, Prügeleien und nicht allzu geistreichen Wortspielen akzentuiert.

In den Werken von König und Henrici sind gewisse Tendenzen in Richtung auf ein Theater, das mehr sein will als nur Unterhaltungsstätte, nicht zu übersehen. Sogar geringfügige Ansätze zu einer Art bürgerlicher Literatur kann man erkennen, selbst dann, wenn man in Rechnung stellt, daß die Komödie seit alters den Bürger zum Ziel der satirischen Verspottung gemacht hatte. Doch sind es nicht mehr als sehr schüchterne Ansätze. Sie reichen nicht aus, um von einem seriösen deutschen Theater um 1730 sprechen zu können.

Die Begründung des »regelmäßigen« Dramas als eines praktischen Instruments gesellschaftlicher Aufklärung und Erziehung in der Gottschedzeit

Gottscheds Konzeption des Dramas

Das bis in die jüngste Zeit anhaltende vorherrschend negative Urteil über die Rolle Gottscheds und seiner Schüler in der Geschichte der deutschen Literatur des 18. Jahrhunderts, insbesondere in der Geschichte des Dramas, hat nicht wenig dazu beigetragen, daß die Bedeutung der Werke der Gottschedzeit in ihrer gesellschaftlichen Funktion gründlich verkannt worden ist. Auch wenn die dichterischen Produkte gerade dieser Periode vor den in der Goethezeit entwickelten und in die Literaturgeschichte übernommenen Normen einer organisch geformten, sich selbst genügenden Dichtung nicht bestehen können: die Leistung des Leipziger Professors und seiner Anhänger kann in anderer Hinsicht kaum hoch genug veranschlagt werden. Nicht nur weil sie – was man immerhin wohlwollend konstatiert hat – leidenschaftlich darum bemüht sind, der deutschen Literatur Niveau und Ansehen (zurück-)zugewinnen, sondern vor allem weil während der Gottsched-ära Literatur und Theater wie kaum je früher oder später in den Dienst gesellschaftlich-kultureller Zusammenhänge gestellt werden, weil man sie sehr bewußt als Teil des sozialkommunikativen Lebens begreift. Wenn nach 1750 der deutsche Bürger gerade auch über das Medium der Literatur zu den Ansätzen einer schichtenspezifischen Selbstverständigung gelangen kann, dann ist das nicht zuletzt Gottscheds besonderes Verdienst, der diese Entwicklung möglich gemacht hat.

Zur richtigen Einschätzung der Bedeutung Gottscheds gehört die Feststellung, daß er in seiner Zeit keineswegs nur die Rolle eines Literators spielt, daß sein Name keineswegs ausschließlich mit dem Phänomen der Literatur verbunden ist; sondern daß er mindestens in ebenso hohem Maße anerkannt ist als Philosoph, als Verfasser der 1734 erschienenen *Ersten Gründe der gesamten Weltweisheit* (8. Aufl. 1778), als Verbreiter und Vorkämpfer aufklärerischer Ideen im weitesten Sinne, dessen Einfluß auf Schule und Universität, allgemein im geistig-philosophischen Leben, nicht weniger groß ist als im Bereich der Literatur. Die beherrschende Stellung, die er nach kurzer Zeit in der literarischen Öffentlichkeit erringt, verdankt er zu einem guten Teil seiner anerkannten Autorität als Philosoph und Gelehrter. Auch seine eigenen Auffassungen über Literatur sind wesentlich durch seine philosophischen und wissenschaftlichen Grundüberzeugungen geprägt. Seine vielfältigen Arbeiten auf dem Gebiete von Dichtung und Theater sind im Grunde nichts anderes als eine Variation seiner aufklärenden, in der Philosophie von Leibniz und Wolff fundierten Tätigkeit. Literatur ist in erster Linie ein Mittel, das neben anderen der Verwirklichung bestimmter, intentional bürgerlich orientierter, gesellschaftlicher Ziele dienen soll. Literatur ist für Gottsched vor allem eine pädagogische Institution, mit deren Hilfe die Verbreitung und Intensivierung eines kommunikativen Handlungs- und Verhaltensprozesses erreicht und die Umsetzung in die Praxis philosophisch-weltanschaulicher Leitideen über den Menschen als soziales Wesen gefördert werden soll.

Aus dieser Perspektive hat man sein dramatisches und theatralisches Wirken zu verstehen. Drama und Theater werden von Gottsched verstanden als Vermittlungsinstanzen sozialer Botschaften, die aus dem Erziehungsprogramm einer gesellschaftlichen Aufklärung stammen. Dieses Programm sieht er vor allem durch Wolff formuliert. In der *Critischen Dichtkunst* (1730) hätten darum auch die folgenden Sätze aus Wolffs *Vernünfftigen Gedancken von dem Gesellschaftlichen Leben der Menschen* (1725) stehen können (sinngemäß sind sie übernommen):

Derowegen da die *Comödien* Vorstellungen der freudigen Begebenheiten der Menschen durch lebendige Personen sind: hingegen *Tragödien* der Trauer-Fälle; so sind Comödien und Tragödien sehr dienlich zur Besserung des Menschen, wenn die Tugenden und Laster nach ihrer wahren Beschaffenheit vorgestellet werden, absonderlich aber darauf gesehen wird, daß man zeiget, wie die freudigen Begebenheiten aus der Tugend, hingegen die Trauer-Fälle aus den Lastern kommen, indem es doch endlich bey aller Lenckung des Willens darauf ankommet, daß man den Erfolg der Handlungen vorher siehet. [9]

Der in solchen Worten sich aussprechende Glaube an die moralische Perfektibilität des Menschen bildet zugleich die Basis einer auf soziale Wirkung hin angelegten Konzeption des Dramas. Auf die Etablierung eines bürgerlichen Moral- und Tugendsystems ist das dramatische Schaffen ausgerichtet; denn genau in diesem Moral- und Tugendsystem ist die Möglichkeit gegeben, sich von der die kulturelle wie politische Szene beherrschenden Hofwelt abzugrenzen. Die von Gottsched dem Drama zuerteilte soziale Funktion zielt nicht auf ein »weltkluges« Verhalten, wie es etwa Christian Weise vertreten hatte, sie zielt nicht auf Erfolg versprechendes gewandtes Handeln in vorgegebenen gesellschaftlichen Verhältnissen. Die Gottschedisch-Wolffische soziale Vernunft, die auch der Poetik und der Dramatik zugrunde liegt, besteht vielmehr auf philosophisch-ethischen Prinzipien, die nicht die einer Gesellschaftsgruppe sind. So jedenfalls verstehen die Frühaufklärer sie. Diese soziale Vernunft folgt den rational-sittlichen Normen des Ideals aufgeklärten Menschseins und versucht diese Normen als gesellschaftliche Verhaltensnormen durchzusetzen.

Die von Gottsched um 1730 entwickelte Konzeption des Dramas, der sich das Schaffen bis nach 1745 konsequent fügt – von ihm selbst auch später noch hartnäckig verteidigt –, soll das Drama zu einem moralischen Appell an die Mitbürger machen. Und dieser Appell richtet sich an den Fürsten und Höfling ebenso wie an den Beamten, den Gelehrten, den Kaufmann. Sie alle sollen auf das eine Ideal tugendhafter Menschlichkeit verpflichtet werden, aus dem nach Auffassung der Wolff, Gottsched, Lessing optimal funktionierende soziale Institutionen und Handlungen hervorgehen müssen.

Die Mißverständnisse um Gottscheds Dramenpoetik, um ihre rationale Grundlegung, ihre teilweise naiv und unbeholfen anmutenden Anweisungen und Regeln, entstanden unter anderem durch den von ihrem Verfasser gesuchten Anschluß an frühere Dramaturgien, Regelpoetiken und Dramenvorbilder. So stark auch das reformerische Element in Gottscheds Bestreben ist, er ist gleichzeitig davon überzeugt, daß seine Reformen durch Autoritäten legitimiert sein müßten. Legitimiert vor allem im Hinblick auf die konkrete Form und Anlage des Dramas. Gottsched versucht daher, seine im Kern nichthöfische Kunst mittels klassizistischer Formen zu verwirklichen. Dazu fühlt er sich um so stärker berechtigt, als er glaubt, daß es eine Reihe von Regeln und Gesetzen des Dramas gebe, die seit langem formuliert und für alle Zeiten gültig seien. Aristoteles, Horaz, Boileau als Theoretiker und die französische Dramatik des 17. Jahrhunderts als vorbildliche Umsetzung des von den Theoretikern Geforderten sind in seinen Augen die Autoritäten, denen sich jeder Dramatiker zu unterwerfen habe. Das Drama, das unter diesen Prämissen entsteht, muß in sich widersprüchlich sein, da sein bürgerlich-tugendhafter Gehalt dem klassizistischen Gewand widerspricht, das Gottsched als notwendige »Regelmäßigkeit« unnachsichtig verteidigt. Auch wenn Gottsched sich gegenüber der höfisch-klassizistischen Tradition keineswegs unkritisch verhält – so zieht er das Seelendrama Racines der rhetorisch-aufwendigen Tragödie Corneilles vor –, verschiedene Momente des 17. Jahrhunderts tauchen doch im dramatischen Schaffen von ihm und seinen Anhängern auf, sind gleichsam mit der überlieferten Form mittransportiert worden. So finden sich trotz einer gelegentlich weit ausholenden Polemik gegen das Märtyrertum in der Tragödie – in der sich auch die versuchte Loslösung von der Autorität der Kirche bezeugt –, in den Werken der Gottschedzeit viele Elemente des Märtyrerstücks; trotz der Betonung des milderen Tugendthemas fehlt doch nicht die große Geste des königlichen Selbstmordes, der Stoizismus der das Leben verachtenden Gebärde, wenngleich gerade sie als Problemlösung abgelehnt wird.

Dennoch liegt das Schwergewicht eindeutig auf der Etablierung des aufklärerischen Tugend- und Moralsystems, das sich zugleich als Ausgangsbasis einer direkten wie indirekten Kritik an gesellschaftlichen Zuständen erweist. Wie zahlreiche Aufklärer mit und neben ihm ist Gottsched der Meinung, auch die mächtigen Fürsten und Höfe könnten sich auf die Dauer dem dringlichen Ansturm der Werte des »wahren Menschseins« nicht entziehen. Das Drama soll auch ihnen darum den Weg zur allgemeinen, sittlich fundierten Menschlichkeit weisen:

Die Wahrheit, welche in ihrer natürlichen Gestalt durch eure Leibwachten und Trabanten nicht durchdringen kann, sieht sich genötigt, von der göttlichen Melpomene ihr tragisches Kleid zu erborgen. Da tritt sie denn, in Gestalt alter Helden, auf die Schaubühne. Da predigt sie euch mit Nachdruck von der wahren Größe der Prinzen; von der Nichtigkeit aller weltlichen Hoheit; von der Abscheulichkeit der Tyrannei! Da lehrt sie euch, ihr Götter dieser Erden, daß ihr auch Menschen seid. [10]

Bei solcher Wirkungsabsicht bewährt sich die traditionelle klassizistische Dramenform sogar mit ihrer aus Renaissance und Barock stammenden Ständeklausel, nach der die Tragödie der Darstellung der Schicksale von Königen, Fürsten und anderen hohen Standespersonen vorbehalten ist, bürgerliche Personen nur in der Komödie auftreten dürfen. Gottsched befolgt die Klausel strikt. Gleichzeitig jedoch gibt es eine neue, gegenüber dem 17. Jahrhundert entscheidend veränderte Funktion der Tragödie, auch wenn das klassizistisch-ständische Gewand erhalten wird: das tragische Spiel, sofern es sich an die Hofwelt richtet, gilt nicht mehr der Glorifizierung des Hofes und seiner Angehörigen, sondern der Kritik eben dieser Hofgesellschaft.

Allerdings bleibt es bei einem halbherzigen feudalkritischen Ansatz, was Gottsched vom marxistischen Standpunkt aus wiederholt als Klassenkompromiß vorgehalten wird. Denn der Angriff auf die Feudalaristokratie findet unter der Voraussetzung prinzipiell zu erreichender Gleichgesinntheit statt, zielt eher und hauptsächlich auf einen Konsensus als auf tatsächliche gesellschaftliche Veränderung. Vermutlich liegt der Grund für diese Haltung in einer gehörigen Portion Naivität, wie auch in der apolitischen Einstellung des Gelehrten, der an die Kraft rationaler Argumente glaubt, der dazu neigt, die Stabilität herrschender Zustände zu unterschätzen. Bereits hier bei Gottsched wird das Phänomen sichtbar, das in der deutschen Literatur des 18. Jahrhunderts immer wieder anzutreffen ist: der Verzicht auf direkte und konkrete Aktion, die Enthaltsamkeit von praktischen politischen Taten. Es bleibt im großen und ganzen bei dichterischen Äußerungen, die die soziale Wirklichkeit aus der Perspektive der Philosophie und Theologie, aus dem Blickwinkel des ethischen Arguments, aus der Sicht von Schule und Universität anvisieren. Schon in Gottscheds Drama und Dramenkonzeption findet sich das bezeichnende Faktum, daß die Spitze des eigentlich gesellschaftskritischen Angriffs sich auf die innere, die sittliche Verfassung des Menschen richtet, nicht auf soziale Institutionen. Die sich im Laufe der Zeit immer deutlicher zeigende Frucht- und Effektlosigkeit dieses Versuchs, jedenfalls was die erhoffte Wandlung der Herrschenden betrifft, führt schließlich zu weit verbreiteter Resignation und Melancholie, zu Fluchtbewegungen aus dem Raum der Gesellschaft, zum Rückzug in die Natur: Handlungs- und Reaktionsweisen, die zudem explizit gestaltete Themen der Dramatik werden.

Eine unmittelbare Folge der klassizistischen Tragödienform und ihres Standespersonals ist die dem Angehörigen des »mittleren Standes« nur indirekt gebotene Möglichkeit, die dargestellten Vorgänge auf sich und seine Angelegenheiten zu beziehen. Dennoch kann kein Zweifel darüber herrschen, daß sich das Drama nicht weniger stark an ein nichthöfisches Publikum richten soll, daß bei Gottsched darum auch eigentlich die Geschichte des deutschen bürgerlichen Dramas beginnt. Vorläufig allerdings ist eine direkte Beziehung zwischen dem (bürgerlichen) Theaterbesucher und dem Personal der Tragödie nur per analogiam möglich. Gottsched meint in dieser lediglich vermittelten Beziehung sogar einen Vorteil sehen zu dürfen:

... daß deswegen die Trauerspiele denen von mittlerm Stande nichts helfen könnten. Sind denn nicht die meisten Begebenheiten und Zufälle dieses Lebens allen Menschen gemein? Sind wir nicht zu einerlei Tugenden und Lastern fähig und geneigt? Kann nicht ein Edler und Bürger eben das im Kleinen ausüben, was Fürsten und Helden im Großen getan? Und bekommt nicht der Schluß selbst durch die Ungleichheit der Personen eine größere Kraft: Dieser oder jener Prinz hat sich in einem weit schrecklichern Unfalle gelassen und standhaft erwiesen; daher ich mich auch in geringern Zufällen nicht ungebärdig stellen. Dieser Held hat sich in weit traurigern Umständen mit der Unschuld und Tugend getröstet; daher will ich derselben in mittelmäßigen Bekümmernissen auch nicht abtrünnig werden; sondern lieber unschuldig leiden, als durch Laster groß und glücklich werden. Was will man, an dieser Art sich zu erbauen, Gründlichers und Nützlichers wünschen? Und wie will man's mit einigem Scheine behaupten, daß die tragischen Schauspiele nur Königen und Fürsten nützen könnten? [11]

Obwohl diese Notlösung nur geringe Überzeugungskraft besitzt, erreicht das Drama doch wenigstens partiell die ihm hier zugedachte Wirkung auch in bürgerlichen Kreisen. Das hat seinen Grund darin, daß eine Rezeption der Stücke als Anweisungen zu tugendhaftem Verhalten in dieser Zeit durch vielerlei Schriften vorbereitet ist, von den Moralischen Wochenschriften bis zu theologischen Traktaten; zum Teil ist es auch direkter Ausfluß einer Dramatik, die vom Primat einer auf Wirkung bedachten Kunst geprägt ist. Auch Gottscheds Dramenkonzeption ist deutlich durch ein wirkungsästhetisches Prinzip gekennzeichnet, das über die Gottschedzeit hinaus die Basis aller aufklärerischen Dramenpoetik bleibt. Entscheidendes Mittel zur Realisierung der angestrebten Wirkung ist dabei die sehr bewußt eingesetzte Emotionalität als bestimmendes Ingredienz der Dramenhandlung. Trotz aller Vorliebe für Rationalität und allem Eifer für »Vernunftschlüsse« weiß Gottsched sich darum die aristotelischen Maximen zunutze zu machen, nach denen die Erregung von Affekten, die Reinigung der Leidenschaften das Hauptziel vor allem des tragischen Dramas seien. Noch höher aber bewertet er den allgemeinen Appell der Dichtung, insbesondere ihrer theatralischen Formen, an Gemüt und Sinnlichkeit, so daß es auch dem nicht philosophisch Gebildeten möglich werde, Einsicht in die vernünftige Weltordnung zu gewinnen und sein Verhalten danach einzurichten:

Denn ein Gedicht hält in der That das Mittel zwischen einem moralischen Lehrbuche, und einer wahrhaftigen Geschichte. Die gründlichste Sittenlehre ist für den großen Haufen der Menschen viel zu mager und zu trocken. Denn die rechte Schärfe in Vernunftschlüssen ist nicht für den gemeinen Verstand unstudirter Leute. Die nackte Wahrheit gefällt ihnen nicht: es müssen schon philosophische Köpfe seyn, die sich daran vergnügen sollen. [12]

Trotz der Ausrichtung des Dramas auf eine durch erregte Emotionen zu erreichende Wirkung aber sollen Leser und Zuschauer bei Gottsched letztlich doch zur Rationalität gelenkt werden, zu rational bestimmtem Verhalten, das von sittlichen Normen abgeleitet ist. Emotionalität bleibt letzten Endes ein Mittel, das höheren Zwecken dient: »Gewissermaßen kann man fast die ganze Dichtkunst eine Philosophie in Bildern nennen« [13]. In dieser von Gottsched stets verteidigten Rangordnung von Vernunft und Gefühl liegt mit eine der Ursachen dafür, daß er nach 1745 seinen dominierenden Einfluß auf die deutsche Literatur relativ schnell verliert. Seit ungefähr 1740 wird die von Gottsched und seiner Schule funktional benutzte und als pädagogisches Prinzip verstandene Emotionalität ein stets höher gewürdigter Wert, sie wird mehr und mehr zum Ausweis bürgerlicher Gesinnung. Nicht mehr die »gereinigte Vernunft« allein, sondern ebenso das »empfindsame Herz« wird zum Richtmaß bürgerlicher Selbsterkenntnis und Selbstbestätigung. Was von Gottsched und den meisten seiner Anhänger zunächst als ästhetisch-didaktisches Mittel eingesetzt wird, ist wenige Jahre später zum Kriterium sogar sozialer Zugehörigkeit geworden.

Doch bedeutet das nicht automatisch, daß zugleich auch alle von Gottsched entwickelten Regeln und Gesetze des Dramas aufgegeben werden. Die wirkungsästhetische Grundkonzeption vermag sich in den neuen Kontexten womöglich noch besser zu behaupten, denn diese neuen Kontexte widersprechen dieser Konzeption nicht. Von der Wirkungsästhetik aus hatte Gottsched – zum Teil in der Nachfolge vor allem französischer Dramenpoetiken – auch Tragödie und Komödie als unterschiedliche dramatische Gattungen definiert. Während die Komödie als »Nachahmung einer lasterhaften Handlung« [14] sehr direkt als ein gesellschaftliches Regulativ alle Abweichungen von vernünftigem gesellschaftlichen Verhalten der Lächerlichkeit preisgeben soll, wird die Tragödie als ein Instrument zur Vorbereitung »eigener Trübsale« definiert, sie soll dazu auffordern, »lieber bei der Tugend unglücklich als bei den Lastern glücklich zu sein« [15], was ihr mittels der Erregung von Bewunderung, Schrecken und Mitleid gelinge. Von diesen Endabsichten des Dramas aus ergeben sich die einzelnen Regeln und Anweisungen, die Gottsched vorschreibt und die er großenteils von anderen übernimmt. Entscheidend ist dabei immer wieder, daß er alle Einzelheiten der beabsichtigten gesellschaftlichen Funktion unterordnet. Auch das tugendhafte Handeln soll als soziales Handeln funktionieren, gerade als solches seine Bewährung finden.

Sind auch die meisten der Regeln und Vorschriften, die Gottsched als unverzichtbare Bedingungen eines regelmäßigen Dramas ausgibt, von anderen Autoren lange vor ihm expliziert worden, seine Applikation dieser Regeln und Vorschriften erschöpft sich dennoch nicht in einer einfachen Übernahme. Sie werden von ihm zwar immer wieder als zeitlos gültige Gesetze charakterisiert, deren Geltungsanspruch darum eigentlich außer Frage stehe, dennoch bemüht er sich darum, sie Stück für Stück von der Aufklärungsphilosophie her zu legitimieren, ihre Notwendigkeit und Adäquatheit vom Standpunkt der vernünftigen sittlich-ästhetischen Ordnung aus zu begründen, die ihren Spiegel in der Dichtung und in der Wirkung der Dichtung finden muß. Zum Teil scheut er sogar nicht davor zurück, die zitierten antiken und französischen Autoritäten in ahistorischer Interpretation auf Grundsätze festzulegen, welche die des Aufklärers sind.

Die Integration in den rationalistischen Bezugsrahmen zeigt sich besonders anschaulich und effektiv hinsichtlich der Kernpunkte von Gottscheds Dichtungskonzeption im allgemeinen und seiner Dramenkonzeption im besonderen: Moralischer Lehrsatz, Nachahmung der Natur, Wahrscheinlichkeit, Fabel. Der berühmt-berüchtigte moralische Lehrsatz, in der *Critischen*

Dichtkunst Basis und Ziel eines jeden Dramas, mag in erster Instanz Gottscheds naiv moralisierendem Denken entstammen, als wesentlicher Bestandteil seiner Dramaturgie trägt er entscheidend dazu bei, die aus rational-theoretischer Erkenntnis resultierende Funktion des Dramas zu ermöglichen. So platt manche von Gottscheds moralischen Pedanterien klingen mögen, so lächerlich zum Beispiel auch der von ihm in Sophokles' *Ödipus* entdeckte moralische Lehrsatz modernen Ohren klingt, die Wahl des moralischen Lehrsatzes als eigentlichen Herzstücks des Dramas schafft die Voraussetzungen für einen Dramenentwurf, der nicht durch vorgegebene historische und gesellschaftliche Wirklichkeiten eingeengt wird. Im moralischen Lehrsatz konzentriert sich das aus dem rational-ethischen Normensystem abgeleitete Postulat, mit dem das Drama an die Wirklichkeit appelliert, mit dem Wirklichkeitsveränderungen erreicht werden sollen. Der moralische Lehrsatz behütet das Drama davor, Reproduktion geltender, in der Gesellschaft praktizierter Verhaltens- und Handlungsmuster zu werden.

Diese Opposition zu konkreter und sozialer Wirklichkeit drückt sich nicht minder deutlich in den Definitionen der Schlüsselbegriffe »Nachahmung der Natur« und »Wahrscheinlichkeit« aus. Es kann nicht nachdrücklich genug darauf verwiesen werden, daß Gottsched mit ihnen nicht eine naturalistische Kunst etablieren will, die abbildende Wiedergabe vorfindlicher Realität. Nachahmung wie Wahrscheinlichkeit sind bezogen auf die unveränderlichen und vernünftigen Gesetze der Natur, die als Hort aller Wahrheit begriffen wird. Die Gesetze der Natur sind vorgegeben und nicht ableitbar aus Historie und historischer Wirklichkeit. Darum besteht Gottsched darauf, daß die Fabel eines Dramas eine erfundene Fabel sein müsse, nicht die Transformierung eines geschichtlichen Vorfalls. Die Fabel wird darum definiert als

… die Erzählung einer unter gewissen Umständen möglichen, aber nicht wirklich vorgefallenen Begebenheit, darunter eine nützliche moralische Wahrheit verborgen liegt. Philosophisch könnte man sagen, sie sei eine Geschichte aus einer andern Welt. [16]

Auch das Prinzip der Wahrscheinlichkeit erhält in diesem Sinnzusammenhang seine eigentliche Bedeutung. Wahrscheinlichkeit ist in erster Linie Übereinstimmung mit den Gesetzen der Vernunftnatur. Wahrscheinlichkeit in der Dichtung heißt darum »Ähnlichkeit des Erdichteten mit dem, was wirklich zu geschehen pflegt« [17]. Und was wirklich zu geschehen pflegt, ist nicht ohne weiteres gleichzusetzen mit tatsächlich Geschehenem. Empirische Wirklichkeit kann nach Gottsched sogar in die Kategorie des von ihm abgelehnten »Wunderbaren« fallen.

Die Ablehnung einer kopierenden Verarbeitung vorgefundener Ereignisse, das Beharren auf einer erfundenen Fabel als dem prinzipiellen Startpunkt des Dramas unterstreicht nochmals die vorausgesetzte Überlegenheit der in der Natur verkörperten Weltordnung über alle historische Realität. Das ist die Position des Aufklärers, derzufolge Geschichte als solche keinen Aussagewert besitze, sondern allenfalls als selektives Demonstrationsmaterial benutzt werden könne, eine Auffassung, die Lessing später nicht weniger nachdrücklich vertritt als Gottsched. Geschichte kann bestenfalls als das Feld betrachtet werden, als der Schauplatz, auf dem sich der vernünftige Fortschritt auf die Dauer durchsetzt.

Auch wenn diese Postulate im praktischen Dramenschaffen nicht überall genuin verwirklicht werden, im Prinzip vertritt jedes Drama den Anspruch, der empirischen Wirklichkeit eine gereinigte, eine veränderte Realität gegenüberzustellen, von der aus auch die soziale Wirklichkeit zu optimalisieren sei. Das einzelne Werk enthält auf diese Weise eine Art Versprechen auf die Zukunft, es wird zu einer Art Plädoyer mit utopischen Elementen.

So produktiv diese auf Veränderung zugespitzte Konzeption des Dramas einerseits ist, so gefährlich ist sie andererseits für die Verbindlichkeit des im Drama Dargestellten und Postulierten. Insbesondere für die Tragödie, die eindeutiger auf die Darstellung einer »Geschichte aus einer andern Welt« [18] ausgerichtet ist als die Komödie und die durch das adlige Dramenpersonal ohnehin vom Bürger relativ weit entfernt ist, ergibt sich eine gewisse Relativität, die den realistischen Aspekt der verfolgten Erziehungsideale schwächt. Denn die für den Zuschauer als Vorbild gedachte Dramenhandlung vollzieht sich im Raume der Erfindung, der Fiktion, der von der vergleichbaren Alltagswirklichkeit unmißverständlich getrennt bleibt. Der Weg zur gesellschaftlichen Praxis ist darum stets ein nur mittelbarer. Der Gefahr, soziale Veränderungen lediglich in der Form einer literarisch-philosophischen Gegenwelt zur bestehenden Realität zu fordern, ist Gottsched in seiner Dramenkonzeption denn auch nicht entgangen. Die Geschichte des deutschen Dramas der folgenden Jahrzehnte zeigt darüber hinaus, wie groß die Verführung wird, den zunächst nur als literarisch-didaktischen Entwurf gesetzten Freiraum der sittlich-moralischen Fabel in einen tatsächlichen Rückzug aus der Gesellschaft umzuwandeln. Sofern überhaupt eine direkte Wirkung des Dramas auf soziale Verhältnisse vorliegt und nicht umgekehrt die Dramenformen eher Reflex sich vollziehender Prozesse sind, setzt sich nicht das in Gottscheds Theater suggerierte aktivistische Moment einer Gesellschaftsveränderung durch, sondern erscheint die schon von Gottsched entworfene »andere Welt« ohne verbindliches gesellschaftliches Handeln als der Bereich, in dem Humanität zu verwirklichen einzig möglich ist.

Wie weit und ob sich Gottsched überhaupt dieser Konsequenzen seiner Dramenkonzeption bewußt ist, ist kaum zu entscheiden. In seinen Schriften und in seinem Handeln erscheint nichts davon. Er trachtet vielmehr sein Leben lang, die gewonnenen Einsichten und Konzepte konsequent in die Tat umzusetzen, das Prinzip der vernünftigen Ordnung auf allen Gebieten zu verbreiten. Er wagt dies sogar in gesellschaftlichen Bereichen, die ein Gelehrter aus traditioneller Sicht besser zu meiden hat. Seine enge Zusammenarbeit mit Theatergruppen zeugt auch von persönlichem Mut, ist ein Akt auch von sozialgeschichtlicher Bedeutung. Mehr noch aber beweist sie seine Entschiedenheit, in seinem Erziehungsprogramm nicht in der Theorie eines philosophisch-literarischen Entwurfs stehenzubleiben. Auch seine Bemühungen um die konkrete Reform der Praxis des Theaters sind die gradlinige Fortsetzung seines Aufklärertums. Er bemüht sich um die Schaffung von theatralischen Kommunikationsbedingungen, die eine ungebrochene Vermittlung des Regeldramas sichern sollen. Die Forderung nach historischen Kostümen und einer »natürlichen« Sprechweise, die an die Stelle des rhetorischen Deklamationsstils französischer Prägung treten soll, gehören ebenso dazu wie sein Eintreten für die Errichtung fester Schauspielhäuser. Alles soll dazu beitragen, die Botschaft des aufgeführten Stückes möglichst unverzerrt zum Zuschauer gelangen zu lassen. Auch die ihm von seinen Gegnern immer wieder spöttelnd vorgehaltene Vertreibung des Harlekins im Jahre 1737 auf der Neuberschen Bühne ist Teil der praktischen Realisierung des rationalen Normenprogramms. Der Harlekin wird von Gottsched nicht allein bekämpft, weil er den Regeln der anspruchsvollen Tragödie und dem gesellschaftsbezogenen Exempelspiel der Komödie widerspricht oder weil seine derben Scherze und dreisten Späße mit dem Ideal einer »gereinigten Schaubühne« kontrastieren. Er muß aus dem Theater verbannt werden, weil er ein Moment der Unordnung in dem auf Ordnung beruhenden theatralischen Spiel ist, ein extemporierender Zufall im ausgewogenen System der Gottschedschen Dramaturgie. Der Harlekin droht – selbst als stilisierte, unrealistische Kunstfigur – mit seinem auf einfache Lacheffekte berechneten Spiel den utopisch-sozialen Appell der dramatischen Gegenwelt zu untergraben. Auch wenn Gottsched gerade mit der Vertreibung des Harlekins nur sehr kurze Zeit Erfolg hat – Harlekinaden und Komödien mit dem Harlekin als Zentralgestalt werden bis ans Ende des Jahrhunderts gespielt –, auch wenn ihm diese Vertreibung viel Spott und Gelächter einträgt, von seinem Standpunkt aus ist sie notwendig.

Ähnliches gilt für den unnachsichtigen Kampf gegen die Oper. Wie schon beim Harlekin verurteilt Gottsched mit der Oper zugleich bestimmte, nicht ständisch gebundene Momente des Theaters. Doch wiederum vermißt er von seinem Standpunkt aus zu Recht in den »Singspielen« die Natur, »mit der diese Fabeln [der Oper] eine Ähnlichkeit haben« [19]. Er muß in der Oper Unwahrscheinlichkeit im plattesten Sinne erkennen, in ihr ausschließlich ein Theaterwerk sehen, das dem Vergnügen diene, dessen »ewiger Gegenstand« [20] die Liebe ist. Er kann nicht anders als im musikalischen Drama – auch dort, wo es nicht als Hofkunst in Erscheinung tritt – eine die noch nicht aufgeklärte Gesellschaft in ihren Irrtümern affirmierende Bühnenkunst erblicken. Das Kriterium ist auch hier, wie beim Harlekin, bei allen Erscheinungen des unregelmäßigen Theaters überhaupt, die soziale Funktion, der sie nicht genügen können. –

Gottscheds Theorie des Dramas stellt den ersten umgreifenden, wenngleich nicht konsequenten Versuch dar, eine nicht ständisch fundierte Theaterkunst zu schaffen. Das jedenfalls ist seine Intention, auch wenn eine Reihe der Regeln, die er vorschreibt, deutlich aus der höfischen Tradition des klassizistischen Dramas stammen. In dem von ihm verfochtenen Ideal eines allgemein menschlichen, über die Grenzen von Gesellschaftsschichten hinausreichenden Tugend- und Moralsystems liegen produktiver Neuansatz und hemmende Schwäche dicht nebeneinander. Das Festhalten an traditionellen Elementen verhindert die direkte Ausrichtung des Dramas auf das erstarkende Bürgertum. Andererseits wird durch den genau umrissenen Gehalt der künftigen Dramatik und durch das der herrschenden Aristokratie entgegengehaltene Postulat des tugendhaft-rationalen Handelns ein Orientierungsmittel für den Bürger gewonnen, der dadurch die Grundlagen und Direktiven dieses Handelns zu den unverwechselbar eigenen machen und damit auch seine soziale Gruppenbildung in die Form einer Gesellschaftsschicht mit eigenem ideologischen Überbau überführen kann. Wichtiger allerdings als diese mit der Funktion des Dramas direkt verbundene Wirkung sind die durch Gottscheds Dramen- und Dichtungstheorie im allgemeinen geschaffenen Bedingungen einer freien ästhetischen Verständigung, in der die beginnende gesellschaftliche Umorientierung sich spiegelt und gleichzeitig stimuliert wird. Denn trotz aller inhaltlichen und besonders verbalen Dogmatik in Gottscheds Auffassungen und Schriften sind es doch diese Auffassungen und Schriften, die eine Diskussion anregen und in Gang setzen, an der im Prinzip jeder teilnehmen kann, weil sie nach Kriterien der Rationalität und Kausalität geführt werden soll. Diese Diskussion wird in den folgenden Jahrzehnten immer mehr von bürgerlichen Gelehrten, Theologen und Künstlern beherrscht. Zu den Medien dieser öffentlichen, von ihm weitgehend eingeleiteten Diskussion gehören nach Gottsched neben den Zeitschriften, öffentlichen Reden, akademischer Lehrtätigkeit, offenen Briefwechseln u.ä. auch Theater und Drama. Die Teilnahme an dieser Diskussion will er nicht allein durch theoretische Besinnung und ein von ihm ins Leben gerufenes Dramenschaffen vergrößern und intensivieren, sondern auch durch die Setzung von Themen und Zielen, über die eine Verständigung möglich ist. Zu solchen Themen und Zielen rechnet er unter anderem auch die Idee einer Nationalliteratur und eines Nationaldramas. Mag er eine Nationalliteratur ursprünglich und vorrangig aus dem Gedanken eines Wetteifers mit anderen Kulturvölkern fordern, der praktische Gewinn für die ästhetische wie soziale Entwicklung liegt auch hier in der Skizzierung eines Wirkungsraumes von Literatur, eines über Standes- und Staatsgrenzen hinausgehenden Zieles gemeinsamen Strebens, das wiederum vor allem von bürgerlichen Schichten als Mittel einer Selbstverständigung aufgegriffen wird.

Die *Deutsche Schaubühne* als literarische Umsetzung gesellschaftlich-bürgerlicher Erziehungsideale

Die Exemplifizierung eines rationalen Weltbildes in der Tragödie

Der Schritt von der theoretischen Standortbestimmung des Dramas zu seiner praktischen Verwirklichung erfolgt in der von Gottsched von 1741 bis 1745 herausgegebenen sechsbändigen Dramensammlung *Die Deutsche Schaubühne nach den Regeln und Exempeln der Alten*. In ihr sind so gut wie alle bis 1745 entstandenen deutschen Dramen aufgenommen, die durch die Prinzipien der *Critischen Dichtkunst* inspiriert sind. Die Anthologie bestätigt die Brauchbarkeit der Gottschedischen Regeln, dokumentiert, daß sein dramentheoretischer Entwurf auf breites Verständnis und große Gleichgesinntheit stößt; sie wird überdies zur ersten Dramensammlung, die überregionale Bedeutung gewinnt und den Schauspielertruppen ein festes Repertoire verschafft. Eine bald folgende zweite Auflage (1746–50) sowie vielerlei Nachahmungen (1748–51: *Schönemannsche Schaubühne*, 1749–64: *Deutsche Schaubühne zu Wien*) unterstreichen nochmals die Fruchtbarkeit der von Gottsched gefundenen Formel.

Anlage und Inhalt der Sammlung liegen ganz in der Verlängerung der in der *Critischen Dichtkunst* explizierten Kategorien und zeigen gleichzeitig Gottscheds planmäßiges Vorgehen, mit dem er eine ernstzunehmende deutsche Dramenkultur stimulieren will. In den ersten Bänden findet sich daher eine Reihe übersetzter Werke, meist französischer Autoren, die den deutschen Dramatikern als Muster und Anleitung dienen sollen; die letzten drei

Bände enthalten ausschließlich deutsche Werke: der Plan, eine deutsche Dramenproduktion in Gang zu bringen, ist geglückt.

Obwohl Gottsched immer wieder zur Nachahmung der ausländischen Dramenvorbilder aufgefordert hat, zeigen besonders die deutschen Tragödien einige vielsagende Abweichungen und Nuancierungen, die aus der veränderten historischen Situation gegenüber den meist aus dem 17. Jahrhundert stammenden französischen hervorgehen und gleichzeitig das Resultat von Gottscheds nachdrücklicher Verankerung der Tragödie als gesellschaftlich-philosophischen Aufklärungsmittels sind. Unverändert übernommen wird vor allem die Dramentechnik (fünf Akte, Einheitenregel, Schürzung des dramatischen Knotens, Konstruktion der Fabel, Alexandriner). Differenzen offenbaren sich besonders in der gehaltlichen Ausrichtung. Während die französischen Vorlagen, gemäß der Tradition des 17. Jahrhunderts, den tragischen Konflikt in erster Linie als individuellen Konflikt des außerordentlichen Helden darstellen – etwa in der klassischen Ausprägung der haute tragédie als Streit zwischen Ehre und Liebe –, wird dieser Konflikt in den deutschen Werken nicht ausschließlich in seiner persönlichen Ausprägung präsentiert, sondern durch die Einführung von Werten erweitert und verändert, die gesellschaftlicher Natur im engeren Sinne sind. Geht es etwa in Corneilles *Horaz* darum, den persönlichen fürstlichen Patriotismus gegen emotionale und familiäre Bindungen durchzusetzen, so finden sich derartige Konfliktsituationen in den deutschen Dramen in abgewandelter Form. Nicht eine abstrakte Pflicht gegenüber dem Vaterland bestimmt den Helden in seinem Handeln, sondern die zusätzliche Pflicht, seinen Untertanen eine vernünftige Regierung zu erhalten, die auf das Wohl der Bürger bedacht ist. Die Idee des Staates, der Herrschaft, des bürgerlichen Staatslebens, auch die Verantwortlichkeit des Herrschers für sein Land werden dadurch konkreter.

Eine solche Konfliktsituation hatten die zur Mitarbeit an der *Schaubühne* aufgeforderten Autoren bereits an Gottscheds *Sterbendem Cato* studieren können, der 1732 erschienen war und seitdem als erstes deutsches Regeldrama betrachtet wird. Der Erfolg gerade dieser Tragödie, die später zum Inbegriff der unpoetischen Machwerke der Gottschedschule wird, deutet nochmals den weitreichenden Einfluß seines Verfassers in dieser Zeit an. Bis 1757 erlebt der *Cato* nicht weniger als zehn Auflagen, er wird unzählige Male gespielt, in prunkvollen Inszenierungen an Fürstenhöfen ebenso wie in bescheideneren Aufführungen durch Rostocker Studenten oder Leipziger Kaufleute.

Entscheidend und für den nachhaltigen Einfluß auf das Dramenschaffen um 1740 grundlegend aber ist der in diesem Drama genau abgesteckte weltanschaulich-philosophische Rahmen einer als tragisch verstandenen Handlung, so daß diese Tragödie – die eigentlich nicht mehr als eine geschickte Kompilation aus den Cato-Dramen des Engländers Joseph Addison und des Franzosen François Deschamps ist – wegen ihrer exemplarischen Handlungs- und Gehaltsstruktur zum stets wieder zitierten Muster des deutschen aufklärerischen Trauerspiels werden kann. Cato, der unerbittliche Verfechter republikanischer Freiheit und Tugend, droht in Utica dem römischen Alleinherrscher Cäsar endgültig zu unterliegen und zieht in der unausweichlichen Niederlage den selbstgewählten Tod vor, um so seinen Tugendidealen treu bleiben zu können. Herzstück und Problem zugleich der Tragödie liegen für den Aufklärer in der Begründung des tragischen Unterganges des Helden, vor allem wenn sich dieser in der Form des Selbstmordes vollzieht. Denn Untergang und (Frei-)Tod dürfen nicht so dargestellt werden, daß sie als Ergebnis einer unveränderbaren Notwendigkeit begriffen werden können. Dann nämlich geriete der Grundsatz einer existierenden und in sich vernünftigen und guten Weltordnung in Gefahr. Catos Untergang muß darum als Resultat eines individuellen »Fehlers« verstanden werden:

Endlich muß niemand denken, als wenn die Absicht dieses Trauerspiels diese wäre, den Cato als ein vollkommenes Tugendmuster anzupreisen, nein, den Selbstmord wollen wir niemals entschuldigen, geschweige denn loben. ... Durch seine Tugend erwirbt sich Cato unter den Zuschauern Freunde. Man bewundert, man liebet und ehret ihn: Man wünscht ihm daher auch einen glücklichen Ausgang seiner Sachen. Allein, er treibt seine Liebe zur Freiheit zu hoch, so daß sie sich in einen Eigensinn verwandelt. Dazu kommt seine stoische Meinung von dem erlaubten Selbstmorde. Und also begeht er einen Fehler ... [21]

Mit dieser Interpretation sind Möglichkeit und Grenzen des tragischen Spiels unmißverständlich umrissen. Der Untergang des Helden beruht stets auch auf seiner eigenen Unvollkommenheit, die dem Zuschauer Belehrung gewähren und zugleich ex negativo den Ansporn zur Selbstvervollkommnung vermitteln soll. Die mittels des dramatischen Spiels sichtbar werdende Welteinrichtung ist die durch Tugend und Vernunft bestimmte, die Richtmaß auch allen ästhetischen Urteils ist und die sich allein aufgrund menschlicher Unzulänglichkeit (noch) nicht überall hat durchsetzen können. Grundpfeiler der Tragödie ist die »Fehlertheorie«, nach der nicht nur die Bösen und Lasterhaften, die willentlich und bewußt die Tugend verletzen, sondern gerade auch die positiven und tugendhaften Helden für den tragischen Ausgang verantwortlich sind. Der sterbende Held darf niemals unschuldig sein, seinen Untergang darf er überdies nicht durch einen stoischen Selbstmord aufwerten. Der Tod des Protagonisten darf nicht auch Ohnmacht und Hinfälligkeit von Vernunft, Tugend, Recht bedeuten, die vielmehr als leuchtende und zu verteidigende Werte trotz menschlichen Versagens erhalten werden müssen.

Die Autoren der *Schaubühne* bleiben allerdings hinter dieser trotz strenger Vorschriften doch auch differenzierenden Konzeption zurück. Ihren Tugendhelden stehen in der Regel skrupellose Bösewichte gegenüber, deren mörderischen Anschlägen man großenteils hilflos unterliegt. Der »Fehler« liegt nicht selten ausschließlich in einer grenzenlosen Gutherzigkeit und Gutgläubigkeit, die mitunter an Naivität grenzt. So wird zum Beispiel in Friedrich Lebegott Pitschels *Darius* die Titelgestalt das Opfer der Intriganten, weil alle Warnungen sie nicht vor falschem Vertrauen bewahren können. Und der verurteilte Selbstmord wird mehr als einmal lediglich formal vermieden, indem man seine Mörder geduldig erwartet. Darius:

> Ach! grausames Geschick! verlaßner König, fleuch!
> Doch nein. Wie? soll ein Stahl dieß Jammerleben enden?
> Ein Thor entleibt sich selbst. Drum bloß von fremden Händen
> Verlang ich meinen Tod, und nicht durch eigne Schuld.
> Kommt, Mörder, in mein Zelt! Da wart ich mit Geduld. [22]

Tragik im Sinne unlösbarer Antinomien kann und soll auf diese Weise nicht entstehen. Nicht selten enden die als Tragödien ausgegebenen Werke darum tendenziell oder gar buchstäblich untragisch. Johann Christian Krügers *Mahomed IV.* etwa schließt mit der gerechten Hinrichtung der vor Morden an den eigenen Familienmitgliedern nicht zurückschreckenden Kaisermutter Kiosem; in Theodor Johann Quistorps *Aurelius* wird der aus Übereilung und reinen Motiven handelnde Mörder am Schluß begnadigt. Ein glückliches Ende kennt auch Friedrich Melchior von Grimms nach dem gleichnamigen Roman von Anselm Ziegler und Kliphausen verfaßte *Banise,* in der sich die Liebenden nach zahllosen überstandenen Todesgefahren in die Arme fallen dürfen.

Der latente bis offenkundige Zug zur untragischen Tragödie ist die konsequente Folge einer auf die Demonstration und Exemplifizierung des rational-guten Weltbildes angelegten Dramas. Eine weitere Folge besteht in dem letztlich nur dekorativen Gebrauch der Geschichte als Handlungsraum. Alle Tragödien in der *Schaubühne* beziehen ihre Stoffe aus Geschichte und Mythologie oder benutzen sie als historisch funktionierende Stoffe. Doch in beinahe keiner – eine Ausnahme bildet Johann Elias Schlegels *Dido* – gewinnen die Aktionen durch die verwendete Historie besonderes Profil, auch nicht in Gottscheds *Parisischer Bluthochheit,* der – noch ganz im Stile des Barock – ein ausführlicher Quellenanhang beigegeben ist, oder in Johann Elias Schlegels *Hermann,* dem Gottsched in der Vorrede ausdrücklich historisch-nationalen Charakter zuspricht. Auch in diesen Dramen bildet Geschichte lediglich den Ereignisrahmen, innerhalb dessen sich der Streit zwischen Gut und Böse entfalten kann. Geschichte ist immer nur das Mittel, das zur Veranschaulichung des ahistorischen Gegensatzes von Tugend und Laster dient. So ist auch in Schlegels Drama das eigentliche Thema der Konflikt zwischen tugendhaften und germanisch gesinnten Fürsten auf der einen und charakterschwachen und römisch denkenden auf der anderen Seite. Die Geschichte trägt nicht einmal zur Individualisierung der Konflikte, geschweige denn zu ihrer Verschärfung bei. Fast alle Tragödien der *Schaubühne* könnten deshalb in anderer, historischer oder nichthistorischer, Einkleidung verfaßt sein.

Dennoch verraten die Tragödien natürlich ihren eigenen historisch-gesellschaftlichen Ort. Obwohl äußerlich beinahe völlig in Übereinstimmung mit der ständisch gebundenen Geschichtstragödie des 17. Jahrhunderts, geht es dennoch nicht mehr ausschließlich um die Schicksale und Handlungen der heroischen und königlichen Gestalten, um deren ichbezogene Konflikte. Ihre Entscheidungen und Schicksale sind in fast allen Werken fest mit dem Los ihrer Untertanen verknüpft, die mit dem Tode des tugendhaften Herrschers auch eine auf das Wohl des Bürgers gerichtete Regierung verlieren. Auch dort, wo der Fürst in für ihn aussichtsloser Situation Selbstmord begeht, tut er es nicht mehr nur – wie in der Tragödie des 17. Jahrhunderts – um seiner persönlichen Würde willen, sondern erst nach ausdrücklicher Erwägung seiner Verantwortlichkeit für die Staatseinrichtung und die Bürger seines Landes. In Schlegels *Dido* etwa, in der sich neben der neuen gesellschaftlichen Tendenz noch sehr viele Strukturmerkmale der Barocktragödie finden, will die Titelheldin sich erst dann den Tod geben, wenn Karthagos Bürger die drohende Diktatur des lybischen Königs Hiarbas nicht mehr zu fürchten haben. Schlegel gelingt es sogar, innerhalb der besonderen Konstellation seines stofflich-mythologischen Rahmens, den Freitod in den Dienst des persönlichen wie öffentlichen Handelns zu stellen: Dido vermag als Rachegeist ihre persönlichen Feinde und die Feinde der Stadt zu verfolgen:

> Ihr Feinde meiner Ruh, ihr Henker meiner Seelen,
> Hiarbas, der mich liebt, mich und mein Volk zu quälen,
> Aeneas, der mich flieht, des Augen mich verschmähn,
> Bald will ich wider euch mit andern Waffen gehn. [23]

Diese gehaltliche Fundierung fürstlichen Verhaltens gibt zugleich die besondere gesellschaftliche Zielrichtung der deutschen Tragödie zwischen

1735 und 1745 an. Das Theaterspiel richtet sich einerseits über die fürstliche Dramengestalt an den zeitgenössischen Herrscher, der unumwunden zur Tugend, aber auch zu milder und gerechter Regierung aufgefordert wird: »Vom Guten muß ein Fürst zuerst ein Beyspiel geben« [24]. In Quistorps *Aurelius* wird gar ein regelrechter Handlungs- und Verhaltenskodex verkündet:

Geh meinem Muster nach; thu recht, so wie ich that:
Hör auch den Ärmsten an: treib keinen stolzen Staat,
Der dich verdächtig macht: laß niemand Weysen kränken;
Wieg nie das Urtheil ab, nach Ansehn und Geschenken.
Verzögre nie den Streit: sprich auch den Armen Recht
So bald es möglich ist: sey keiner Neigung Knecht:
Sey ernsthaft, ohne Wuth: sey strenge; doch auch milde:
Bedeck die Unschuld stets mit deinem Arm und Schilde:
Den Lastern, niemand sonst, fall schrecklich, hart und schwer:
Bestraf die Bosheit schnell: gib keinem Flehn Gehör,
Das sie vertreten will: und wird man sich nicht scheuen
Was Böses zu begehn; scheu du dich zu verzeihn. [25]

Doch bleibt es nicht beim Appell an den Herrscher als Person. Es wird immer wieder an seine besondere und ihn verpflichtende Verantwortung gegenüber den Bürgern seines Landes erinnert:

Bedenke doch, daß du der Bürger Schutzgott bist!
Bedenk, daß unser Recht in deinen Händen ist!
Verschwendest du nun selbst der Bürger Recht und Leben:
Was wird dein Vorbild wohl für ein Exempel geben? [26]

Die Darstellung des moralischen Leitbildes, auf das die Fürsten eingeschworen werden, erfolgt, wenn auch meist indirekt, im Grunde aus der Perspektive der Staatsbürger. Das erstreckt sich bis in stilistische Nuancen. Fast durchgängig sprechen die Lasterhaften und tyrannischen Herrscher von »Pöbel«, die tugendhaften dagegen von »Volk«, wenn sie ihre Untertanen meinen. Der ständisch-höfische Handlungsvordergrund kann die bürgerliche, vom Recht des Volkes ausgehende Argumentation der Dramen nicht verbergen. Stellung, Handeln, Würde und Ansehen des Fürsten unterliegen Beurteilungsmaßstäben, die aus einem den Herrscher verantwortlich machenden Gesellschaftsvertrag abgeleitet sind. So wird dem Bürger gelegentlich sogar direkt oder indirekt das Recht zur Empörung zuerkannt, wenn der Herrscher nur nach eigener Willkür handelt:

Sieh, man verlangt von mir, daß ich durch neuen Zoll
das hart gepreßte Volk noch härter drücken soll.
...

Ein Volk, das wenn es zürnt, sein Blut selbst nicht zu sparen,
Und wanns beleidigt wird vor Zorn zu wüten pflegt. [27]

Gleichzeitig wird auch der Bürger auf das Ideal tugendhaften Verhaltens
festgelegt. Gottscheds Meinung, die ständische Tragödie könne auch dem
»Manne vom mittleren Stande« Belehrung und Erbauung bieten, wird von
ihm und seinen Anhängern in ihren dramatischen Werken nicht nur auf indirekte Weise in die Praxis übertragen. »Wer weisen Fürsten dient, muß
keine Laster lieben« [28], heißt es in der *Panthea* der Gottschedin. Und
auch dort, wo keine »weisen Fürsten« regieren, gilt die Tugendverpflich-
tung ungeschmälert, auch wenn sie nicht mehr als eine Verheißung auf bessere Zukunft umfaßt:

Der Tugend treu zu seyn; sie lohnet hier und dort.
Es folgt auf diese Zeit noch eine Reih von Zeiten,
Zu denen wir uns nur durch Tugend zubereiten;
Da der, der sie verließ, sich selber einst verklagt,
Und seinen Lastern flucht, wenn ihn die Reue plagt. [29]

Diese Zukunftsverheißung, die in keinem der Dramen fehlt, illustriert den
bereits genannten sozialen Oppositionscharakter der Tragödien. Das Tugend-Laster-Schema wiederholt sich beinahe stereotyp in allen Stücken, ist
jedoch auch als Ausdruck einer bestimmten gesellschaftlichen Situation zu
begreifen, der die Tragödienmoral bewußt entgegengehalten wird. Insofern
spiegeln die Dramen des Gottsched-Kreises etwas von den aufkommenden
Bewegungen und Anschauungen ihrer Zeit. Andererseits übersteigen sie die
historisch-gesellschaftliche Wirklichkeit als Kunstwerke und als philoso-
phisch-ethische Appelle in nicht geringem Maße, weil sie ein moralisches,
philosophisches und gesellschaftliches Credo verkünden, das nicht mit der
empirischen Wirklichkeit übereinstimmt. Der (vertröstende) Verweis auf
die Zukunft wird damit auch zugleich der schwache Punkt des gesellschaftlichen und gesellschaftskritischen Aufrufs. Den Tragödien der *Schaubühne*
fehlt jeder explizite Zeitbezug, der vielmehr immer nur über Analogien hergestellt werden kann. Und die im Prinzip funktionslose Situierung der
Handlung in historischen Kontexten wird unter diesem Gesichtspunkt sogar zum gravierenden Nachteil, da sich das Theatergeschehen ausdrücklich
nicht in der Gegenwart, teilweise sogar in exotisch-mythischer Ferne ab-
spielt. Die Distanz zwischen Tragödienmoral und empirischer Realität der
Rezipienten wird zweifellos vergrößert, wenn die Zukunftsversprechen sich
in das Gewand einer längst überholten Vergangenheit hüllen.

Dennoch bleibt die wechselseitige Verschränkung von fürstlicher Verantwortung und bürgerlicher Verpflichtung, die Vereinigung von Herrscher

und Untertan im Ideal einer öffentlich-moralischen Menschlichkeit auffälliges Merkmal der Werke. Das sozial-politische Engagement in diesen Werken ist stärker ausgeprägt und präziser festgelegt als etwa in Gottscheds theoretischen Schriften. Das zeigt auch seine eigene Tragödie *Agis*. Der spartanische König Agis, der gemäß der »Fehlertheorie« vor allem an seiner Jugendlichkeit und politischen Unerfahrenheit scheitert, will als »Muster des Landes« Sozialreformen durchführen, die die Bürger von ihren Schulden befreien und das Land gerechter verteilen sollen. Doch liegt die Bedeutung dieses Dramas nicht so sehr in den sozialreformerischen Ideen als vielmehr in der deutlich spürbaren Tendenz, feudale Herrschaftsstrukturen nicht nur unter dem Aspekt individueller Fürstenwillkür oder im Zeichen allgemein menschlicher Ideale in Frage zu stellen, sondern auch und gerade aus dem Blickwinkel politischer und staatsrechtlicher Problematisierungen. Daß Könige gewählt werden, wie in dieser Tragödie, mag im Zeitalter von Absolutismus und Gottesgnadentum als auffälliges Zeichen gewertet werden. Daß Agis sich von einem seiner Gegenspieler vorhalten lassen muß: »Ob du gleich König bist, willst du doch Bürgern gleichen« [30], veranschaulicht die politisch-gesellschaftliche Zuspitzung, die das Tugend-Laster-Schema gelegentlich erfahren kann. Zwar bleibt in der Tragödie der Gottschedzeit die Etablierung eines tugendhaft-rationalen Weltbildes mit Hilfe und trotz der tragischen Handlung die erste Aufgabe; aber die unübersehbare Verknüpfung von Laster mit tyrannischer Herrschaft einerseits und Tugend mit bürgerlichem Rechtsempfinden andererseits, die in den Stücken unermüdlich betont wird, gewinnt trotz aller abstrakten Präsentation doch eine öffentliche und gesellschaftliche Funktion. Denkbar ist es immerhin, daß die folgenden Verse nicht ausschließlich als moralische Lehre rezipiert werden sollen:

Denn jeder, der dem Staat noch will zu Hülfe kommen,
Der sieht ja leichtlich ein, daß Üppigkeit und Pracht,
Verschwendung, Geiz u. Stolz uns ohnmachtvoll gemacht.
Wer diese Laster kann aus unsern Mauren bannen,
Befreyt den ganzen Staat von so viel Haupttyrannen. [31]

Die satirische Typenkomödie als gesellschaftliches Regulativ

Die von Gottsched verfolgte Funktionsbestimmung von Theater und Drama als öffentlichen Medien eines sozialen Erziehungsprogramms ist am weitesten durchgeführt im Bereich der Komödie. Im Gegensatz zur Tragödie kann die Komödie sich direkt an den im Theatersaal anwesenden Zu-

schauer wenden, da die Ständeklausel ihr die Möglichkeit bietet, Dramenpersonal und Rezipienten zu einer Gruppe zusammenzufassen. Das praktische Komödienschaffen hat sich diese Voraussetzung zunutze gemacht und
tatsächlich eine Einheit zwischen Bühne und Zuschauerraum gestiftet. Im
komischen Spiel werden dem Theaterbesucher bekannte und geläufige Themen aufgegriffen; er kann sich in ihnen erkennen, auch wenn ihm in den
weitaus meisten Fällen zunächst lediglich negative Identifizierungsmöglichkeiten angeboten werden.

Form und Inhalt der Komödie folgen analog der Tragödie vor allem französischen Mustern, nehmen darüber hinaus aber auch allerlei Elemente und
Momente der reichen europäischen komischen Theatertradition auf. Ziel
ist auch nun wieder ein regelmäßiges Drama, das sich von der Posse ebenso
abzugrenzen hat wie von aller besonders italienisch beeinflußten Improvi-
sationskunst mit oder ohne Harlekin. Symptomatisch für die Konzeption
der Komödie ist etwa die Tatsache, daß in die *Schaubühne* von Molière
lediglich der *Misanthrope* aufgenommen ist. In Gottscheds Augen hatte
Molière sich in seinen anderen Werken noch zu stark von »farcenhaften«
Elementen, will sagen von der commedia dell'arte, beeinflussen lassen.
Gottscheds Favorit ist Philippe Néricault Destouches, »von den neuern
Franzosen ... sonder Zweifel ... der beste Komödienschreiber« [32]. Von
ihm erscheinen daher in der *Schaubühne* der *Verschwender*, der *Poetische
Dorfjunker* sowie seine Bearbeitung von Addisons *Gespenst mit der Trum-
mel*. In Destouches' Spielen erkennt Gottsched das von ihm gewünschte
Element einer »Verbesserung der Sitten«, die Zurückweisung des nur auf
komische Wirkungen abzielenden Spielgeschehens. Dennoch ist Gottscheds
Vorliebe für gerade diesen Autor nicht unproblematisch. Destouches gehört zu den Wegbereitern des von Gottsched abgelehnten rührenden Lustspiels, seine Komödien sind durchdrungen von Momenten ernsthafter bürgerlicher Selbstdarstellung, die zur Eliminierung des Komischen führen.
Wenn Gottsched dennoch gerade an diesem Lustspielautor festhält, dann
könnte man darin möglicherweise ein indirektes Zeugnis für seine im Gegensatz zu seiner Dramentheorie und zu dem von ihm inaugurierten Komödienschaffen stehende und nie öffentlich eingestandene Neigung zu einem
bürgerlichen Drama im engeren Sinne erblicken. Ein gewisser Widerspruch
zwischen der unter Gottscheds Anleitung entstehenden deutschen Komödie, in der satirische und lächerliche Momente dominieren, und den Werken von Destouches, in denen der Bürger wenigstens ansatzweise als nicht
satirisch beleuchtetes Dramensujet erscheint, ist jedenfalls nicht zu leugnen.

Stärker noch als in der Tragödie erfolgt in der Komödie, wie sie in und im
Umkreis der *Schaubühne* in den vierziger Jahren in Deutschland entwickelt

wird, die Belehrung als eine Belehrung über zu vermeidende Vernunft- und Tugendverstöße. Dabei wird die Existenz einer vernünftigen Weltordnung, die ihre Entsprechung in einer vernünftigen Gesellschaftsordnung hat, von Anfang an und als nicht bezweifelbare Grundlage vorausgesetzt. Sie bildet die Folie für alles dramatische Geschehen, das sich vor ihr wie selbstverständlich positiv oder negativ artikuliert. Die in der Tragödie noch häufig anzutreffende Explikation und Beschwörung der tugendhaft-rationalen Welteinrichtung in Worten und Taten fehlt daher in der Komödie. Das hängt darüber hinaus mit der zunehmenden Verharmlosung der Tugendverstöße in der Komödie zusammen, die vielfach als bloße gesellschaftliche Läßlichkeiten oder Torheiten auftreten und die korrigier- beziehungsweise heilbar sind. Geht es in der Tragödie um die Exemplifizierung der Tugend, die Komödie will die Besserung von Untugenden sozialen Verhaltens bewirken.

Die komischen Effekte dieser Komödie kommen durch die Selbstdarstellung der Laster und aus dem Zusammenstoß der Träger der Laster mit der vernünftigen Umwelt zustande. Voraussetzung der moralischen Lehre ist die fraglose Ineinssetzung des Lasterhaften mit dem Lächerlichen, die These, daß unvernünftiges Handeln auch gesellschaftliche Nachteile einträgt, zu Isolation und Außenseitertum führt. Wer unvernünftig handelt, muß darauf gefaßt sein, ausgelacht zu werden. Die Komödie wird zur Verlachkomödie, die beim Zuschauer Spott und Schadenfreude aufruft, der sein Amüsement in der Präsentation des Lächerlichen findet, der sich den dargestellten Außenseitern gegenüber überlegen fühlen darf und auf diese Weise (indirekt) auf ein bestimmtes soziales Verhalten und Handeln eingeübt werden soll.

Der Katalog der Laster, die die Komödie angreift, ist lang und uneinheitlich. Er umfaßt individuelle Verirrungen wie Müßiggang (Johann Elias Schlegel, *Der Müßiggänger*), Charakterschwäche (Adam Gottfried Uhlich, *Der Unempfindliche*), Habsucht und Geiz (Gottschedin, *Das Testament*), Renommmiersucht (J. E. Schlegel, *Die Pracht zu Landheim*), despotische wie allzu freie Ehemannallüren (J. E. Schlegel, *Der Triumph der guten Frauen*), Weiberfeindschaft (Lessing, *Der Misogyn*), eingebildete Krankheit (Johann Theodor Quistorp, *Der Hypochondrist*); er enthält Fehlverhalten, die man als Folge von Berufsdeformationen bezeichnen könnte: unbezwingliche Prozessiersucht des Advokaten (Quistorp, *Der Bock im Prozesse*), Quacksalberei (Mylius, *Die Ärzte*), falsche Prätention des (Pseudo-)Gelehrten (Lessing, *Der junge Gelehrte*). All diese Fehlverhalten werden satirisch bloßgestellt, um dann in den meisten Fällen geheilt zu werden. Die Psychologie der Komödien ist in der Regel von äußerst bescheidenem Niveau. Getreu der französisch-italienischen Lustspieltradition des 17. Jahrhunderts sind die Hauptgestalten mit sprechenden Namen ausgestattet, die ihre Laster bereits verraten. Sie sind außerdem auf die Personifizierung der einen zu demonstrierenden menschlichen Eigenschaft reduzierte Charaktertypen, Figuren, die einseitig und vorhersehbar reagieren.

Die Gesellschaftskritik, die die Komödie an solchen sozialen und moralischen Normfiguren übt, bleibt im großen und ganzen wiederum eine harmonisierende. Sie richtet sich zwar auf konkrete, auch im Altag des Zuschauers – wenngleich nicht in der extremen Übersteigerung – vorhandene Phänomene, doch verbleibt die Kritik im Rahmen der Beschwichtigung, die nicht mehr als Korrektur von Auswüchsen oder Torheiten vorzeichnet.

Einen Schritt weiter scheinen auf den ersten Blick diejenigen Werke zu gehen, deren Thema nicht eine einzelne menschliche Schwachheit, sondern das Verhalten von gesellschaftlichen Gruppen oder Schichten ist. In ihnen liegt so viel sozialpolitischer Sprengstoff, daß sie wiederholt der Zensur zum Opfer fallen. So geschieht es schon 1737 der anonym erschienenen Komödie der Gottschedin, *Die Pietisterei im Fischbeinrocke,* einer scharfen Konfessionssatire auf Pietismus und Pietisten, so geschieht es auch Johann Christian Krügers *Die Geistlichen auf dem Lande* (1743), in denen unverhohlen die Korruption der Geistlichkeit angeprangert wird. Beide Werke werden bezeichnenderweise von Gottsched nicht in die *Schaubühne* aufgenommen. Auch andere Lustspiele richten ihren satirischen Angriff nicht ausschließlich auf die individuellen Lastertypen. Die *Hausfranzösin* der Gottschedin nimmt die allgemein verbreitete Frankomanie aufs Korn, andere wagen sich zu handfester Adelskritik vor: Schlegel, *Die Pracht zu Landheim,* die Gottschedin, *Die ungleiche Heirat,* Krüger, *Die Candidaten.* In der Regel wird in den letzten die adlige der bürgerlichen Moral konfrontiert, ein Vergleich, der stets das moralische Versagen des Adels illustriert und zugunsten der bürgerlich-menschlichen Moral ausfällt.

Doch auch wenn der sozialkritische Angriff in diesen und anderen Lustspielen kompakter zu sein und sich nicht mit der Verspottung relativ harmloser Abweichungen zu begnügen scheint, zu wirklicher und fundamentaler Kritik an herrschenden Realverhältnissen kommt es auch hier nicht. Denn die Spitze des Angriffs richtet sich nur scheinbar gegen *die* Pietisten, *den* Adel oder *die* Geistlichkeit, sondern sie betrifft wiederum eher einzelne ihrer Vertreter, die letztlich ebenso wie die Müßiggänger, die Weiberfeinde oder die falschen Gelehrten eine individuell bedingte Unvernunft demonstrieren. Zudem schießen gerade diejenigen Komödien, die allgemeinere Verhältnisse zu geißeln scheinen, dadurch häufig über ihr Ziel hinaus, daß sich die zunächst als Gruppenrepräsentanten auftretenden Gestalten als regelrechte Betrüger und Verbrecher entpuppen, die eigentlich der Gerichtsbarkeit des bürgerlichen Gesetzbuches unterliegen.

Trotz aller satirischen Elemente, welche die Handlungsbewegung in der Typenkomödie prägen, ist das Lustspiel dennoch nicht in erster Instanz als kritische Waffe konzipiert. Es soll, wie das Theater generell, eine vorrangig positive und konstruktive Wirkung verbreiten, soll den Entwurf einer aufklärerisch-tugendhaft fundierten Gesellschaft propagieren. Daß dabei gelegentlich soziale Gruppen und Institutionen ins Kreuzfeuer der satirischen Kritik geraten, gehört zu den Ausnahmen und ist nur halb beabsichtigt. Auch in den Fällen, in denen sich die lächerliche Darstellung zu besonders geballter Schärfe verengt, wird doch gleichzeitig auch die Relativität des aufgegriffenen Übels zum Ausdruck gebracht. Das schließt natürlich nicht aus, daß sich in solchen Werken doch auch ein ernstzunehmendes Unzufriedensein mit bestehenden sozialen Zuständen wenigstens indirekt ausspricht, Unwille über die Machtpositionen des Adels, Unmut über den Einfluß der Geistlichkeit, kritische Auseinandersetzung mit dem Gelehrtenideal der Frühaufklärung. Doch nirgends schlägt das Unzufriedensein in ein prinzipielles Streben nach radikaler Veränderung der sozialen Strukturen um.

Als gesellschaftliches Instrument erreicht die Komödie im Grunde trotz aller verbalen Offensiven nicht das Niveau der Tragödie. Denn noch eindeutiger als diese suggeriert sie dem Zuschauer die Überzeugung von dem Vorhandensein einer wohleingerichteten Welt, deren vollständige Etablierung ausschließlich durch individuelle Unvollkommenheiten gehemmt werde. Mitunter kann sich daher ein Werk völlig von dem satirischen Dramaturgiemuster lösen und den komischen Kontrast als solchen in den Mittelpunkt rücken, ohne zugleich in aufdringliche Belehrung zu münden. J. E. Schlegels Verseinakter *Die stumme Schönheit* ist ein solches Werk, in dem man beinahe die Abkehr vom bürgerlich-moralischen Erziehungsideal der Aufklärung erkennen könnte.

Die meisten Komödien jedoch beharren auf der Verkündung des optimistischen Eziehungsideals. Das wirkt sich bis in die verwendeten Handlungsmuster und Strukturen aus, die sich mehr und mehr zu einem festen Schema verhärten. Die lasterhafte Hauptgestalt wird mit Hilfe einer Intrige geheilt, die nach einem einheitlichen Prinzip geformt ist: Zum Schein übernimmt die vernünftige Umwelt den Fehler des zu Erziehenden, der auf diese Weise sein Fehlverhalten in einer Art Spiegel erkennen und kurieren kann. In dieser Konstruktion des Geschehensverlaufs dokumentiert sich nicht nur der Glaube an die grundsätzliche Korrigier- und Heilbarkeit der Defekte, sondern wird auch die ebenso grundsätzliche Auffassung manifest, nach der die gerügten Abweichungen keinen Anspruch auf allgemeine Repräsentativität erheben dürfen, sondern ausschließlich als individuell bedingte Normverstöße gewertet werden müssen. Die Komödie formuliert daher Appelle an das persönliche Verantwortungsbewußtsein des Einzelnen. Die komische Spielhandlung zeigt ihm, daß Normverstöße sich im gesellschaftlichen Leben nachteilig auswirken. Die Funktion der Komödie kulminiert deshalb im regulierenden Eingreifen in das soziale Verhalten des Einzelnen.

Vollendung und Modifizierung des Gottschedschen Dramenmodells bei J. E. Schlegel und Lessing

Implizite Gesellschaftskritik und individuelle Auflehnung in J. E. Schlegels Canut

Gottscheds weitgespannte Literaturtheorie und -praxis beginnt nach 1745 sehr schnell entscheidende Aspekte einzubüßen. Sowohl die Historisierung der Dramenstoffe als auch die thematische Einengung auf einen spezifisch bürgerlichen Themenbereich führen zur Aufgabe einiger sehr grundlegenden Ausgangspunkte und damit zu einer veränderten Funktion des Dramas innerhalb gesellschaftlicher Kommunikation (vgl. das folgende Kapitel). Bis über die Jahrhundertmitte hinaus gibt es daher nur einige wenige Dramen, die Gottscheds theoretisches und praktisches Konzept, unter Beibehaltung der maßgeblichen Prämissen und bei gleichzeitiger formaler wie inhaltlicher Modifizierung, die einer veränderten kommunikativen und gesellschaftlichen Konstellation entspringen, mehr oder weniger direkt fortführen. Zu diesen Werken gehören Johann Elias Schlegels *Canut* sowie einige von Lessings Jugendlustspielen.

Schlegels Tragödie aus dem Jahre 1746 behauptet nicht nur als ein Drama, das aufgrund seiner Charakter- und Sprachgestaltung positiv von den Werken der *Schaubühne* absticht, einen besonderen Platz in der Geschichte des deutschen Dramas des 18. Jahrhunderts. Wichtiger noch ist die in ihr sich artikulierende weltanschauliche und dramaturgische Widersprüchlichkeit, in der der Gegensatz zwischen der von Gottsched inaugurierten politisch-öffentlichen Funktion des Dramas und der Skepsis gegenüber dem diese Funktion tragenden philosophisch-ästhetischen System sichtbar wird. Die sich bis in die Dramenhandlung selbst erstreckende Widersprüchlichkeit kann als Ausdruck einer Übergangszeit begriffen werden, in der sich neue soziale wie ästhetische Entwicklungen ankündigen. Schlegel legt seinem Werk Gottscheds Form- und Inhaltskonzept zugrunde, das jedoch gleichzeitig in wesentlichen Punkten so weit verändert wird, daß den Zeitgenossen das Stück über Gottscheds poetologische Gesetze nicht mehr zugänglich ist. Auffällig ist dabei vor allem, daß die Veränderung nicht den neuen Tendenzen eines entpolitisierten, privaten Dramas folgt, sondern – Gottscheds Auffassungen übernehmend – die öffentlich-kritische Wirkungsabsicht bewahrt, sie zugleich allerdings – darin wiederum von Gottsched fundamental abweichend – mit einer anderen Tragikkonzeption verbindet.

Auf den ersten Blick kehrt in dem Drama gemäß der bewährten Tragödienkonstruktion der übliche Gegensatz zwischen Gut und Böse als Handlungsbasis wieder. Dem Zuschauer wird auf diese Weise eine Reihe von Wiedererkennungen ermöglicht. Dem »guten« dänischen König Canut steht sein »böser« Feldherr Ulfo gegenüber, der vor keiner Intrige und keinem Betrugsversuch zurückschreckt, um dem König die Herrschaft zu entreißen. Auch Canuts durch nichts zu erschütternde Bereitwilligkeit, ihm seine Anschläge auf sein Leben und seinen Staat zu verzeihen und ihn mit ehrenden Aufträgen auszuzeichnen, kann Ulfo von seinen egozentrischen Absichten nicht abbringen. Am Ende des Stückes findet er daher in einer durch ihn selbst verschuldeten aussichtslosen Situation und halbwegs selbst gewollt den »verdienten« Tod. Das Werk klingt mit dem Triumpf von Tugend, Vernunft, Güte und Großmut aus; derjenige, der willentlich gegen diese Werte verstoßen hat, hat seine gerechte Strafe gefunden.

Bereits der Untertitel »Tragödie« verweist auf eines der Probleme, die sich in dieser scheinbar so gattungsgetreuen Dramenhandlung verbergen. Denn der Untertitel kann sich allein auf Ulfo beziehen. Das aber bedeutet, daß das gleichsam offizielle Tragödienmodell, nach dem das tragische Ende nur dem guten, wenn auch fehlerhaften Helden zukommt, außer Kraft gesetzt ist. Hier werden tragische und damit auch positive Qualitäten einer Gestalt zuerkannt, die im Drama von den anderen positiven Gestalten eindeutig negativ als Bösewicht ausgemacht wird. Die sich hieraus für das aufklärerische Publikum ergebende unauflösbare Widersprüchlichkeit ist vor allem durch die Charaktergestaltung des Ulfo verursacht. Sie wiederum ist zweifellos durch die Charaktergestaltung in Shakespeares Dramen beeinflußt, für die Schlegel schon 1741 gegen Gottsched eingetreten war. Ulfo ist eine der ersten psychologisch differenzierten deutschen Dramenfiguren, so daß er der gängigen Vorstellung vom Bösewicht nicht mehr entspricht. Seine Taten resultieren aus einem eigenen, individuellen Wesensgesetz, das ihn zu unbedingter Selbstverwirklichung zwingt. Sein Handeln wie sein Tod sind daher nicht allein als die Folge einer sich von den aufklärerischen Idealen Recht, Sitte, Tugend bewußt lossagenden Selbstsucht zu begreifen, sondern ebensosehr als Folge seiner besonderen Charakterdisposition. Die Tragödie gewinnt dadurch ein anderes Gehalts- und Ausdrucksvolumen, das nicht mehr in Übereinstimmung ist mit Gottscheds Dramaturgie und den in ihrer Nachfolge entstandenen Werken.

Insbesondere die »Fehlertheorie«, die auf der unbezweifelbaren Überzeugung einer erreichbaren klaren Scheidung zwischen Gut und Böse beruht, wird in dieser Tragödie widerrufen. Der zeitgenössische Zuschauer, der durch die Tragödien des Gottschedkreises gerade ein verläßliches Orientierungsmodell auch hinsichtlich seiner weltanschaulich-sozialen Normen gewonnen hatte, wird hierdurch in der erlangten Gewißheit verunsichert und – wenigstens indirekt – sogar zur Revision seines soeben erreichten Standpunktes aufgerufen, jedenfalls dann, wenn er der Intention dieses Werkes zu folgen bereit ist. Wie sehr das Drama die Zeitgenossen tatsächlich irritiert, zeigt noch Friedrich Nicolais Kritik in seiner *Abhandlung vom Trauerspiele* (1757). Nicolai fürchtet, das tragische Mitleid, das eigentlich durch und für eine Gestalt wie Canut ausgelöst werden müsse, richte sich ausschließlich auf Ulfo und dadurch auf eine Figur, die gänzlich »verabscheuungswürdig« sei. Zwar habe der Autor Canut, wie es bereits Aristoteles verlangt habe, mit einem »Fehler« ausgestattet, indem er Ulfo seine zahllosen Anschläge und Betrügereien immer wieder vergebe, aber er lasse Canut an diesem Fehler nicht scheitern. Nicolai schlägt darum vor, übrigens unter ausdrücklicher Zustimmung Lessings, das Drama zu verbessern: Ulfo habe Canut zu ermorden, um dann selbst durch eine Nebengestalt getötet zu werden. Auf diese Weise könne die »Verwirrung«, die die von Schlegel gestaltete »Catastrophe« hervorrufe, beseitigt werden [33].

Nicolais Reaktion belegt die in Schlegels Drama zum Vorschein kommende Abweichung von dem durch Gottsched entworfenen Gattungsmodell, das zum Maßstab einer tragischen Handlung geworden war und dem auch Nicolai vorbehaltlos verpflichtet ist. In seinem Verbesserungsvorschlag konkretisiert sich die Furcht vor einer Infragestellung des aufklärerischen Welterklärungsmodells: Seine eindeutige Abwertung der Gestalt Ulfos bezweckt die Korrektur des im Stück implizit ausgesprochenen Zweifels an der Vollkommenheit und Vollständigkeit des Gottschedianisch-Wolffianischen Systems. Seine ausformulierte Kritik richtet sich gegen die immanente Kritik des Dramas an einem Menschenbild und einem Verhaltensideal, die ausschließlich durch Vernunft und Tugend definiert sind und überdies zu einer Akzeptierung gegebener politisch-sozialer Verhältnisse auffordern. In diesem Sinne könnte man Schlegels Drama sogar ein Protestdrama nennen, das von solcher Beschwichtigung nicht mehr wissen will. Der in

Schlegels Tragödie wenigstens mittelbar erscheinende Konflikt mit anerkannter ästhetischer, weltanschaulicher und sozialer Praxis ist um so vielsagender, als Canut mit allen Eigenschaften eines guten und vorbildlichen Herrschers versehen ist. Er argumentiert und handelt konsequent nach den Prinzipien von Güte, Menschenliebe, Tugend und Treue, so daß in ihm und in der von ihm ausgeübten Regierung verwirklicht ist, was in den Dramen der *Schaubühne* im Grunde Postulat geblieben war. In Canuts Staat sind die Grundsätze der aufgeklärten Regierung Realität geworden. In die Gestalt des Königs sind sogar einzelne Züge eingegangen, die mit der aufkommenden Bewegung einer bürgerlichen Empfindsamkeit korrespondieren. Wenn Ulfo trotzdem nicht bereit ist, sich diesem gütigen und ihm persönlich wohlgesonnenen König zu unterwerfen, ohne daß er als Bösewicht ausreichend charakterisiert ist, dann offenbart sich in seinem Tun eine bis dahin im Drama wie in dem ihm zugrunde liegenden philosophisch-sozialen System eine vernachlässigte oder negierte Dimension des Lebens. Man könnte in Ulfos Aufbegehren den Ausdruck einer sich nicht der rationalvernünftigen Reglementierung des Lebens fügenden Kraft erkennen. Man könnte in seinem Handeln den Selbstverwirklichungsdrang des von aktiver Herrschaft und Verantwortlichkeit Ausgeschlossenen sehen. Und das wiederum könnte man interpretieren als den Reflex der Unzufriedenheit des Bürgers mit einer Gesellschaftsordnung, die ihm auch dann tätige (politische) Teilnahme an der Staatsverwaltung vorenthält, wenn sie nach humanen Grundsätzen eingerichtet ist. Auch die ehrenden Aufträge, die Ulfo von Canut erhält, gewinnen ihren Wert ja nur in Beziehung zum König und seiner Regierung des Landes. Letztlich tragen sie dazu bei, die absolute Herrschaft des Canut zu untermauern, wenn nicht gar zu glorifizieren, damit aber auch das Prinzip des Despotismus trotz aller praktizierten Humanität gewollt oder ungewollt zu verherrlichen. Ähnlich ist die Situation etwa des Bürgers und Untertans, auch des Beamten, im Preußen Friedrichs des Großen. Nur daß diese im Gegensatz zu Ulfo in der Regel mit ihrer Position zufrieden sind, jedenfalls so lange, wie von ihnen keine weiterreichenden selbstverantwortlichen Entscheidungen verlangt werden.

Der *Canut* bildet innerhalb des Dramenschaffens um 1745 einen Sonderfall. Einerseits verbleibt er im Rahmen des Gottschedischen Entwurfs, unter Einschluß des öffentlichen Appells der Tragödie; andererseits modifiziert er Gottscheds tolerierende Gesellschaftsauffassung, ohne doch den Standpunkt der gleichzeitig entstehenden bürgerlichen Dramatik zu übernehmen, deren bürgerlich-empfindsame Ausrichtung jedoch wieder partiell integriert ist. Darüber hinaus verweist das Drama auf eine Tragikkonzeption, die modernen Auffassungen näher steht als die vergleichbaren in den zeitgenössischen Tragödien. Im ganzen könnte man in Schlegels Werk den Keim einer denkbaren künftigen Entwicklung des Dramas erkennen, die in Deutschland nicht, jedenfalls vorläufig nicht, eingeschlagen wird. Es deutet vor allem Möglichkeiten des Dramas an, die aus einer konsequenten Weiterentwicklung des Konzepts von Gottsched hätten hervorgehen können: ein Drama, das eine fruchtbare Rolle in der moralischen, sozialen und politischen Diskussion hätte spielen können.

Konsequente gesellschaftliche Aufklärung:
Lessings Der Freygeist und Die Juden

Wird in Schlegels *Canut* Gottscheds Tragödienkonzept zugleich übernommen und verändert, in seiner generellen Ausrichtung beibehalten und doch zugleich in einigen seiner Prämissen einschneidend modifiziert, ein ähnliches Verhältnis besteht zwischen der Komödientradition und Lessings beiden Jugendlustspielen *Der Freygeist* und *Die Juden* (beide »verfertigt im Jahr 1749«). Auch in ihnen wird der von Gottsched vertretene umfassende Appell an die gesellschaftliche Öffentlichkeit gewahrt, die kritisch-aufklärende Funktion des Dramas übernommen und doch die Praxis der Komödie verändert. Kann man in Schlegels Tragödie die konsequente Ausformung des Prinzips eigenverantwortlicher Individualität sehen, was zur Mutation des Tragödienmodells führt, so kann man in Lessings beiden Komödien die konsequente Verwirklichung des Prinzips aufklärerischer, kritisch-sozialer Erziehung erkennen, was in diesem Falle zur Mutation des bewährten Komödienmodells führt. Die Folgerichtigkeit, mit der hier kritische Aufklärungsabsicht in die Spielhandlung verarbeitet ist, sprengt die Gattungsgrenzen der Komödie, die sich auf diese Weise dem ernsten Schauspiel öffnet, im Grunde den gesellschaftskritischen Anspruch übernimmt, der von Gottsched der Tragödie zuerteilt worden war.

In beiden Stücken greift Lessing überdies aktuelle Themen und Probleme auf, die die Verbindung zwischen Dramenhandlung und Zuschauer enger werden lassen. Obwohl das Schema der sächsischen Typenkomödie auch in diesen Werken den Handlungsablauf konturiert, bleibt die Haupthandlung ohne komische Effekte, die fast ausschließlich von den Dienerszenen ausgelöst werden. Aber auch sie stehen noch im Dienste des nichtkomischen Gehaltes. Die Komödie übernimmt im Grunde die Funktionen eines aufklärenden Diskurses, braucht daher auch ihr Ziel nicht mehr über das Verlachen, das heißt über die Selbstbestätigung des Zuschauers, anzustreben. In gewissem Sinne ist damit Gottscheds Literaturdefinition vollständig in die

Praxis umgesetzt. Daß es erst rund fünfundzwanzig Jahre nach dessen ersten Reformversuchen geschehen ist, hängt zweifellos mit der gerade während dieser Zeit sich vollziehenden Entwicklung einer stärker werdenden Selbsteinschätzung des bürgerlichen Publikums zusammen. Lessing kann daher auch Gottscheds bevormundende Haltung der Öffentlichkeit gegenüber aufgeben. Er nimmt seinen Zuschauer als Partner ernst, er braucht ihn nicht mehr über lächerliche Szenen oder über die Spekulation auf seine Eitelkeit für sich zu gewinnen oder für die gute Sache einzunehmen. Auch dann nicht, wenn er ihn auf seine Vorurteile verweist, wenn er ihm eigentlich seine noch nicht erreichte Gleichheit vorhält.

Vor allem im *Freygeist* ist das erprobte Schema der Typenkomödie als Ausgangspunkt für die veränderte Zielrichtung benutzt. Der Freigeist und Theologenhasser Adrast sperrt sich gegen die ihm von einem Geistlichen angetragene Freundschaft, wobei er eine Reihe ungereimter Vorurteile über Theologen sowie zahlreiche die Freigeisterei in ein lächerliches Licht rückende Standpunkte vertritt. Das Ende des Stückes besteht jedoch nicht in einer von der Tradition her erwartbaren Lösung: Adrast wird zwar von seinem Vorurteil über Geistliche befreit, er geht auch auf die ihm offerierte Freundschaft ein, doch darf er seiner (gemäßigten) Freigeisterei treu bleiben, zeigt sich trotz seiner antireligiösen Einstellung als ein Mensch »voller tugendhafter Gesinnungen« [34].

In diesem »Komödienausgang« vollzieht sich eine partielle, aber folgenreiche Umfunktionierung des Handlungszieles. Zwar wird auch hier der Held korrigiert, doch erschöpft sich die Pointe nicht in der Heilung einer einzelnen menschlichen oder gesellschaftlichen Abweichung. Neben ihr und sie in den Hintergrund drängend steht die für den Zuschauer unerwartete Rehabilitation eines im Drama zunächst als lächerlich dargestellten Lasters. Und diese Rehabilitierung bestärkt nicht mehr unumstrittene Auffassungen, gegen die lediglich im praktischen Handeln verstoßen wird, sondern sie decouvriert allgemein verbreitete Vorurteile als solche. In diesem Falle wird das Urteil über die als Libertinisten ausgemachten Freigeister zur Diskussion gestellt und als zumindest voreilig entlarvt. Wie sehr Lessing mit solcher Problemsicht gegen verhärtete Meinungen verstößt, geht unter anderem aus seinen Briefen an den Vater hervor, der ihm wiederholt den Umgang mit dem als Freigeist geltenden Vetter Christlob Mylius vorgehalten hatte.

Die Verlagerung der Komödienkritik von einer isolierte Fehler treffenden Satire zur diskutierten Aufdeckung sozialer und ideologischer Vorurteile, denen der Zuschauer nicht nur potentiell, sondern tatsächlich verfallen ist, vollzieht sich noch auffälliger in den *Juden*. Nicht Juden, wie es sich zunächst stringent zu ergeben scheint, haben ein bestimmtes Verbrechen begangen, sondern zwei als Juden verkleidete Christen, während gerade der Überfallene Jude ist, der überdies in all seinen Meinungen und Handlungen vorbildliche menschliche Güte und Großmut an den Tag legt. Darüber hinaus erweist sich der ebenfalls positiv gezeichnete Gegenspieler am Schluß des Stückes als jemand, der seine christlich-dogmatische Einstellung nicht überwinden kann. Die Grenzlinie zwischen Gut und Böse, zwischen Toleranz und Unduldsamkeit verläuft auf diese Weise nicht zwischen den Religionen, sondern quer durch sie hindurch. Das Drama wird so zu einem Plädoyer für Menschlichkeit jenseits aller religiösen Verengung.

Kühnheit und ideologischer Sprengstoff des Einakters werden nicht nur im Vergleich zwischen dem Appell des Spiels und der demütigenden realen Situation der Juden um 1750 sichtbar (in Leipzig, wo Lessing mehrere Jahre studiert hatte, durfte zum Beispiel kein Jude begraben werden, in Berlin, wo das »Lustspiel« entsteht, ist nur einer bestimmten Anzahl Judenfamilien das Wohnrecht gewährt, die außerdem nur jeweils ein Kind in der Stadt »sich setzen und verheiraten« lassen dürfen), sondern auch in der Reaktion des Göttinger Theologen Johann David Michaelis. Seiner These entgegenzutreten, einen Juden, wie er hier auf der Bühne erscheine, könne es aufgrund der Geschichte und der Denkungsart der Juden nicht geben, sieht Lessing sich noch 1754 in der Vorrede zum 3. Teil seiner *Schriften* genötigt, um zugleich nochmals darzulegen, daß es ihm darauf angekommen sei, »dem Volke die Tugend« da zu zeigen, »wo es sie ganz und gar nicht vermutet« [35].

Dieser Satz umschreibt zudem nochmals die neue Zielrichtung des theatralischen Spiels. Es richtet sich nicht mehr auf die Korrektur individueller und singulärer Schwächen, sondern auf die Verunsicherung allgemein anerkannter, großenteils unreflektierter »Selbstverständlichkeiten«. Der Plural des Titels *Die Juden* läßt über den Allgemeinanspruch des Angriffs auf die gerügte Vorstellungswelt keinen Zweifel. Es geht nicht mehr um die Enthüllung und Entlarvung von (sozialen) Unwerten, um die Entblößung des lächerlichen Lasters, sondern um die Rechtfertigung des Verkannten, die Rehabilitierung des als Wert Mißachteten. Der Zuschauer wird nicht mehr mittelbar, sondern direkt und unvermutet mit seinen Voreingenommenheiten konfrontiert. Er wird gezwungen, sich mit sich selbst und seinen Überzeugungen auseinanderzusetzen, er wird genötigt, seine Normen einer kritischen Prüfung zu unterziehen. Aufklärung und Kritik sind damit im Theater gleichsam total geworden, da sie auch diejenigen Bereiche anvisieren, die bis dahin von der Kritik verschont werden, weil sie scheinbar solcher Kritik nicht bedürfen oder als kritikbedürftige Bereiche nicht erkannt werden. Dem Zuschauer wird es auf diese Weise verwehrt, sich von der auf der Bühne vorgeführten regulierenden Persiflage zu distanzieren.

Die Strategien der sächsischen Typenkomödie sind in Lessings zwei Lustspielen einschneidend verändert, obwohl das Handlungsgerüst in großen Teilen erhalten bleibt. Die Komödie funktioniert als Infragestellung unbefragter Gewißheiten. Bezeichnend ist es daher, daß Michaelis, ähnlich wie Nicolai bei Schlegels *Canut,* Lessings *Juden* in eine Fassung umgearbeitet sehen will, die den gängigen und gewohnten Formen des Lustspiels besser entspricht, die den Zuschauer also davon verschont, sich selbst korrigieren zu müssen.

Es wäre jedoch falsch, in Lessings beiden Lustspielen nur den Abstand zu Gottscheds Komödienkonzeption und der ihr folgenden Praxis zu konstatieren. Sie sind auch Fortsetzung und Verwirklichung der von Gottsched dem Drama auferlegten Funktionen. Die öffentliche, sich auf Probleme der ganzen Gesellschaft beziehende Diskussion, die Lessing provoziert, entspricht den von Gottsched verfochtenen Prinzipien einer als sozial-kritisches und philosophisches Medium verstandenen Dramatik. Lessing wendet dieses Prinzip allerdings in vollständiger Konsequenz an. Von den Aufklärern hat neben Gottsched, doch entschieden radikaler als dieser, nur Lessing diese Stringenz des aufklärerischen Prinzips verfolgt, so unnachsichtig, daß er es in seinen späteren Dramen – wie noch zu zeigen sein wird – auf die Voraussetzungen der Aufklärung selbst angewandt hat. Daß der Weg in diese Richtung bereits in den Jugendkomödien eingeschlagen ist, wird durch eine Gegenüberstellung mit den gleichzeitig oder kurz vor ihnen entstandenen Dramen anderer Autoren um so deutlicher. Von den sie charakterisierenden Kennzeichen sind auch Lessings Lustspiele nicht unberührt, doch verzichten sie auf die sonst überall zu beobachtende Abschwächung des ideologischen und sozialen Appells.

Das bürgerliche Drama. Entstehung und Anspruch ideologisch-resignativer Selbstdarstellung des Bürgers

Empfindsame Selbstvergewisserung im rührenden Lustspiel

Gottscheds literaturpolitische Strategien zielten auf die Konstituierung einer Literatur- und Kulturgesellschaft, die vorläufig allenfalls in Ansätzen bestand. Das Drama des Gottschedkreises ist daher samt seiner philosophischen und poetologischen Begründung nicht der Reflex bereits bestehender Verhältnisse, sondern vor allem Entwurf, der das Fundament eines größtenteils erst zu entwickelnden bürgerlichen Kultur- und Gesellschaftsbewußtseins bilden soll. Aus diesem Status des Entwurfs leitet sich eine Reihe von Kennzeichen der Dramen zum Beispiel in der *Schaubühne* ab, wozu etwa die Beibehaltung einzelner traditioneller Formen und Strukturen zu rechnen ist, die im Grunde innerhalb des neuen Konzepts ihre ursprünglichen Funktionen nicht mehr adäquat erfüllen konnten. Der Schritt von einem im Drama programmierten Wertsystem zu einem Drama, in dem dieses Wertsystem zur Selbstdarstellung gelangt, weil es auf mehr Entsprechungen im außerliterarischen Gesellschaftsbereich verweisen kann, muß noch folgen. Mit ihm vollzieht sich eine formale und strukturelle Veränderung des Dramas. Die Vorbildlichkeit des Gottschedschen Regeldramas muß daher für die Zeitgenossen in dem Augenblick obsolet werden, da auf dem Theater die Selbstdarstellung des bürgerlichen Lebens- und Wertsystems möglich wird.

Die Abkehr von der Gottschedischen Dramenform und die gleichzeitige Etablierung neuer Formen beginnt in der zweiten Hälfte des fünften Jahrzehnts. Mit der Abkehr von Gottsched werden allerdings nicht nur einzelne Formen und Inhalte zurückgewiesen, die jetzt als veraltet und unangemessen empfunden werden, sondern ebenso auch wesentlich allgemeinere Voraussetzungen und Grundlagen von Gottscheds Literaturreform aufgegeben. Bei aller zum Teil pedantisch und kurzsichtig anmutenden moralisch-rationalen Agitation ist es Gottsched doch stets darum gegangen, Tugend und Moral als Handlungsnormen des öffentlichen und damit auch des politischen Lebens zu propagieren. Obwohl diese Normen letztlich die Normen seines eigenen Standes sind, macht er sie zur Basis eines gesamtgesellschaftlichen Konzepts. Die ihm folgenden Generationen von Literaten übernehmen gerade dieses gesamtgesellschaftliche Konzept nur in sehr beschränktem Umfange. Die bürgerlichen Autoren greifen viele der von Gottsched und seinen Anhängern im Sinne des Wolffianismus verkündeten Ideale auf, verstehen sie jetzt aber als Ausdruck einer eigenen, sich von der Welt des Hofes entschieden abgrenzenden Identität, die auch als solche zum Thema des Dramas wird. Man verzichtet weitgehend auf den von Gottsched vehement verfochtenen Anspruch, mittels der entworfenen literarischen und sozialen Perspektive eine gesamtgesellschaftliche Perspektive zu vertreten. Die von Gottsched propagierte öffentliche, alle Schichten und Erscheinungsformen der Gesellschaft treffende Einstellung wird mit einer Haltung vertauscht, die vornehmlich den eigenen Lebens- und Wirkungskreis meint. Zum Teil ist das gewiß die Folge der konkreten politischen Verhältnisse, die den Bürger von öffentlicher Teilhabe am politischen Handeln ausschließen. Und über literarische Aktivität allein war die vorenthaltene Macht nicht zu erobern. Die Konsequenz ist ein Rückzug in den eigenen Lebensbereich, der unter anderem gerade in der Literatur zur Darstellung gebracht und zugleich in ihr konsolidiert und abgeschirmt wird.

Der Rückzug des Dramas aus der in ihm selbst initiierten öffentlichen und auch auf sozialkritische Themen gerichteten Diskussion bedeutet jedoch nicht überall völligen Stillstand seiner aufklärenden, erzieherischen und kritischen Funktion. Einige von Lessings Jugendlustspielen zeigten die Möglichkeiten, die dem Drama und seinen aufklärerischen Aufgabenstellungen auch innerhalb des begrenzten bürgerlichen Rahmens offenstehen.

Die erfolgreichsten Werke dieser Jahre kennzeichnet jedoch nicht die gesellschaftskritische Thematik, sondern eher das Bestreben, die errungenen Identifikationswerte zu verbreiten und zu stabilisieren. Der Prozeß zur Reduktion des allgemeingesellschaftlichen Anspruchs wird dabei ergänzt und gefördert durch die in Deutschland immer mehr an Boden gewinnende europäische Bewegung der Empfindsamkeit, die schnell zum spezifischen Signum bürgerlichen Selbstverständnisses und bürgerlicher Selbstorientierung wird. Dem Sensualismus des Adels, in zeitgenössischen Quellen vielfach als »Genußsucht« und »Wollust« umschrieben, wird ein betont sittliches Empfinden gegenübergestellt, in dem sich die menschlich-bürgerliche Mentalität profiliert. Die in der Frühaufklärung rational fundierten Tugend- und Moralvorstellungen werden emotionalisiert, so daß Tugenderkenntnis und moralisches Gefühl beinahe zu synonymen Begriffen werden. Religiös-pietistisch inspirierte Anschauungen, Denk- und Erlebnisweisen verstärken darüber hinaus auch in der Literatur die Tendenz zur Aufwertung des Menschen als eines sittlichen Gefühlswesens. Gottsched, der Verteidiger rationaler Kategorien, sieht sich bezeichnenderweise einer Opposition aus Verteidigern einer (überwiegend religiös ausgerichteten) Gefühlsdichtung gegenüber: Pyra, Lange, Bodmer, Breitinger, Klopstock. Der berühmte Streit zwischen Leipzig und Zürich, zugespitzt auf das Problem des Wunderbaren in der Poesie, ist allerdings nicht nur ein Streit zwischen Rationalität und Empfindsamkeit, sondern auch – wenn auch nicht explizit – eine Auseinandersetzung über die politisch-öffentliche oder die mehr auf die Legitimierung bürgerlicher Ideale beschränkte Funktion der Literatur. Und man kann die Frage stellen, ob es wirklich so segensreich, wie regelmäßig behauptet, für die Geschichte der deutschen Literatur war, daß Gottsched diesen Streit verloren hat. Das Ergebnis ist das Zurücktreten des politisch-öffentlichen Moments der Literatur zugunsten des moralisch-privaten.

Der durch die Begriffe Tugend, Vernunft, Religion, Empfindung eingeschlossene geistige Raum wird mehr und mehr auch zu einem sozial eingrenzbaren Raum bürgerlichen Verhaltens. Er wird in der dramatischen Literatur der Zeit deutlich als solcher herausgestellt. Neben einer von Gottscheds Reformen nur geringfügig oder gar nicht berührten Theaterpraxis, in der das heroische Trauerspiel und das Lustspiel mit Harlekinsfiguren als Hauptgestalten nach wie vor auf allen Bühnen gespielt werden, bilden sich, zum Teil in direkter Nachfolge von Gottscheds Reformwerk, zum Teil auch in deutlichem Gegensatz dazu, Formen einer bürgerlichen Dramatik heraus, deren gedämpftere Attitüde sie bereits vom pathetisch-übertreibenden Zuschnitt der anderen Werke unterscheidet. Diese Dramatik konturiert sich zunächst in der Gattung der Komödie. Neben dem satirischen Typenlustspiel entsteht eine Dramenform, in der das Satirische höchstens sporadisch erscheint. Sie findet ihr Zentrum in der Demonstration tugendhafter, großmütiger und selbstloser Handlungen, im Kult von Freundschaft, Liebe, Rechtschaffenheit und »Zärtlichkeit«. Ihre Wirkung richtet sich nicht mehr auf Reaktionen des Verlachens und Verspottens, sondern auf die Erregung von Empfindungen wie Rührung und Mitleid.

Auch diese Form des Lustspiels entwickelt sich unter dem Einfluß nichtdeutscher Vorbilder und Muster. Die »sentimental comedy« in England, die »comédie larmoyante« in Frankreich haben die Theater bereits erobert, als in Deutschland die satirische Typenkomödie zu entstehen beginnt. Mit der für Deutschland charakteristischen Verspätung erscheinen die ersten rührenden oder weinerlichen Lustspiele nach 1745. Wie in den ausländischen Mustern ist auch in ihnen der negative Zerrspiegel zu vermeidender Laster so gut wie vollständig durch die Vorführung positiver Tugenden ersetzt. Komische Elemente werden weitgehend getilgt. Selbst äußerliche Merkmale des Lustspiels verschwinden mitunter gänzlich, ähnlich wie in der berühmtesten aller Rührkomödien, Nivelle de La Chaussées *Mélanide*

(1741), in der die Geschichte einer Frau dargestellt ist, die nach sechzehnjähriger Trennung wieder zu ihrem Ehemann findet.

Als »Komödien« oder »Lustspiele« sind diese Werke nur ungenügend charakterisiert. Wie weit Gattungsbezeichnung und Inhalt dieser Werke auseinanderklaffen können, zeigt de La Chaussées dramatische Bearbeitung von Richardsons empfindsamem Roman *Pamela oder die belohnte Tugend,* die er ebenfalls unter dem Titel »comédie« veröffentlicht. Daß die Zeitgenossen trotzdem an dieser Bezeichnung festhalten, hat seine Ursache darin, daß man das überkommene Gattungsensemble nicht aufgeben will oder kann und daß die rührenden Dramen hinsichtlich ihres Personals, aber auch inhaltlich, thematisch und strukturell dem Lustspiel näherzustehen scheinen als dem Trauerspiel, das noch immer in der Form der heroischen Tragödie erscheint. Doch konstituiert sich in den sogenannten rührenden Lustspielen weniger eine neuartige Komödienvariation als vielmehr ein ernstes bürgerliches Schauspiel, das seiner ganzen Konzeption nach mehr Ähnlichkeit mit dem späteren bürgerlichen Trauerspiel besitzt als mit der satirischen Komödie der Gottschedära. In Frankreich wird die zunächst aufkommende Bezeichnung »drame sérieux« von den an traditionellen Gattungseinteilungen festhaltenden Kritikern und Gegnern abgelehnt und durch das diskriminierend gemeinte »comédie larmoyante« ersetzt, eine Benennung, die auch in Deutschland übernommen wird. Hier erweist sich übrigens Gottsched im Vergleich zu französischen Poetologen als der flexiblere Gattungstheoretiker. Er will das neue Drama zwar nicht als Komödie anerkennen, da man über die Tugend nicht lache, doch zeigt er sich durchaus bereit, die von ihm selbst reaktualisierte Gattungsdogmatik im Hinblick auf die nicht mit ihr in Übereinstimmung zu bringenden Werke zu relativieren beziehungsweise zu erweitern:

Allein, wenn man dergleichen Stücke ... bürgerliche Trauerspiele nennet; oder Tragikomödien taufet: so könnten sie schon bisweilen statt finden. [36]

In dieser Formulierung spricht sich allerdings nicht viel mehr als die konzessive Duldung der neuen Gattung aus und wird der bewährte Gattungskanon unmißverständlich als Richtschnur und Richtmaß beibehalten. Die Verteidiger der Rührkomödie wollen diese hingegen gerade gegen die Regeldramaturgie durchsetzen, sie zögern darum auch nicht, de facto eine Historisierung des von Aristoteles bis Gottsched als vollständig angesehenen Gattungsensembles vorzunehmen. In Gellerts Apologie des rührenden Lustspiels *Pro commoedia commovente* (1751) heißt es darum:

Sollen wir deswegen ein Schauspiel ... von der Bühne verdammen, weil die Erklärung, welche die Alten von der Komödie gegeben haben, nicht völlig auf dasselbe passen will? Muß es deswegen abgeschmackt und ungeheuer sein? [37]

Aufschlußreich für die Zurückweisung der traditionellen Regelpoetik ist dabei der Standpunkt, der zum Ausdruck einer neugewonnenen Selbstgewißheit einer gesellschaftlichen Gruppe geworden ist. Das Kriterium der Gruppenzugehörigkeit wird charakteristischerweise zum Kriterium auch der Begründung und Rechtfertigung der neuen Gattung. Man beruft sich ausdrücklich auf Wahrheits- und Geltungsanspruch des Gefühls. Gellert fährt in seiner Apologie fort:

In Dingen, welche empfunden werden und deren Wert durch die Empfindung beurteilt wird, sollte ich glauben, müsse die Stimme der Natur von größerm Nachdrukke sein als die Stimme der Regeln. Die Regeln hat man aus denjenigen dramatischen Stücken gezogen, welche ehedem auf der Bühne Beifall gefunden haben. Warum sollen wir uns nicht ebendieses Rechts bedienen können? [38]

In solcher Begründung artikuliert sich die nunmehr zur Entscheidungskompetenz aufgewertete Empfindung, die emotionale Reaktion, die von Gottsched und seinen Anhängern lediglich als Wirkungsmittel des Dramas eingesetzt worden war.

Mit der vom Standpunkt einer entstehenden Emotionsgemeinschaft aus erfolgenden Argumentation hängt auch die neue Relation zusammen, die Gellerts Worte zwischen Drama und Dramenpublikum anzeigen. War bislang das theatralische Spiel in erster Instanz ein von einem philosophisch-ethisch fundierten Programm aus konzipiertes Instrument, mit dessen Hilfe der Zuschauer auf bestimmte Handlungs- und Verhaltensregeln eingeübt werden sollte, die Apologeten der neuen bürgerlichen Dramenform kehren dieses Verhältnis geradezu um. Das Publikum verlangt ein Drama, das seinen Bedürfnissen und Wünschen entspricht. Man will gleichsam sich selbst einschließlich des eigenen, praktizierten Verhaltens- und Handlungskanons auf der Bühne dargestellt sehen, nicht mehr nur mit einer verpflichtenden Normenwelt konfrontiert werden, die zukünftiges Handeln vorschreibt. Mit diesem Verlangen ist zugleich auch die Notwendigkeit entfallen, die neuartigen Dramen müßten durch die offizielle Poetik oder durch die Geschichte des Dramas legitimiert sein.

In Deutschland repräsentieren vor allem Gellerts drei als Lustspiele veröffentlichte Dramen *Die Betschwester* (1745), *Das Loos in der Lotterie* (1746) und *Die zärtlichen Schwestern* (1747) die neue Gattung. Sie demonstrieren in exemplarischer Weise die apolitische Einstellung, die das bürgerliche Drama für die nächsten Jahre und Jahrzehnte kennzeichnet. Sie präsentieren die in den Familienkreis versetzte Handlung, zeigen die Reduktion des auf öffentlich-politisches Verhalten ausgerichteten Tugendethos zur primär privat-menschlichen und empfindsam unterlegten Moralität des Bürgers.

An die Stelle der Korrektur der dargestellten und gemeinten Gesellschaft tritt die Verkündung und Bestätigung der Normen dieser Gesellschaft, die mit allem rhetorischen Aufwand beschworen werden. In der *Betschwester* ist noch gleichsam der Übergang von den Zielen der satirischen Komödie zu den neuen Idealen des rührenden Lustspiels an den Handlungsingredienzien selbst abzulesen. Der falscher Frömmigkeit und Geiz verfallenen Frau Richardinn steht eine Gruppe von Personen gegenüber, die die neue empfindsam-vernünftige Moral vertritt. Bezeichnenderweise versucht niemand, die ganz im Stile der Verlachkomödie gezeichnete Betschwester von ihrem Fehler zu befreien und für die neue mitmenschliche Gemeinschaft zu gewinnen. Sie dient daher in erster Linie als Negativ-Folie für die zu entwickelnden und darzustellenden Gesinnungen und Taten der anderen Gestalten. Der sich großenteils selbst disqualifizierenden Bigotterie wird das Programm eines vernünftigen Christentums gegenübergestellt. Ähnlich geschieht es in den zwei anderen Werken, in denen nicht weniger nachdrücklich immer wieder der Vorteil einer tugendhaften und durchdachten Religiosität expliziert wird, die, aller mystischen wie asketischen Elemente entkleidet, »äusserliche Ruhe und innere Zufriedenheit des Menschen« [39] garantiert.

In der unermüdlichen Explikation der moralisch-religiösen Normen und Werte finden die Vorgänge der Stücke ihr Zentrum. Sie kennen daher alle nur ein Minimum an Handlung. Im Gegensatz zur satirischen Komödie ist auch die Intrige bis auf einige wenige Relikte verschwunden. Am deutlichsten ist sie noch in den *Zärtlichen Schwestern* erhalten, in denen das sich auf den Verstand berufende Julchen durch die Intrige zu zärtlicher Liebe, überhaupt zum Erlebnis von Emotionalität und damit zur zeitgemäßen menschlichen Haltung befreit wird. Die sparsam verwandten Handlungselemente haben die Aufgabe, Situationen zu schaffen, in denen die Personen Gelegenheit finden, ihre Gesinnungen zu offenbaren und – wenngleich das wesentlich seltener geschieht – in die Praxis umzusetzen und dort zu bewähren. Die Bühne wandelt sich kontinuierlich zur Kanzel, von der aus die Dramengestalten durch die Theaterillusion nur notdürftig kaschierte predigtartige längere oder kürzere Vorträge über Themen und Gegenstände halten, die sämtlich der Fixierung des bürgerlichen Lebensstils und der mit ihm verbundenen moralischen Ideologie dienen und diese gleichzeitig von der »großen Welt« und ihrer gesellschaftlichen wie menschlichen Unmoral abgrenzen. Es werden die Vorzüge einer vernünftigen Religion vorgetragen, die Grundsätze der vorbildlichen Ehe dargelegt, das Glück einer allein aus menschlich-sympathischem Gefühl entspringenden Liebe beschrieben, die angemessene Einstellung zu Geld und Handel betont, die nachteiligen und verwerflichen Folgen, die Habgier, Geiz, Egoismus, Hochmut und Eitelkeit entstammen, den Beschreibungen des Vergnügens konfrontiert, das aus selbstlosen Taten, Bescheidenheit und Emotionalität hervorgehe. Gleichgültigkeit wird ebenso verurteilt wie jede Art von Paroxysmus.

Trotz des überwiegend rhetorischen Charakters der Werke gewinnen die vorhandenen Handlungsmotive und -themen, an denen sich die verbale Selbstdarstellung entzündet, auch praktische Verweisfunktion hinsichtlich der gesellschaftlichen Wirklichkeit außerhalb des Theaters. Heiratsprobleme, Erbschaften, Prozesse, Bankrotte – Geldangelegenheiten im weitesten Sinne stecken den Rahmen ab, innerhalb dessen die Reaktionen und Entscheidungen der Personen sich vollziehen. Im ganzen zeigt sich hinter der theatralischen Tugendwelt eine von den Regeln und Gebräuchen finanziellen Verlusts und Gewinns beherrschte Wirklichkeit. Sie beansprucht höchsten Realitätsgehalt, obwohl diesem Anspruch fast nie direkt nachgegeben wird. Er wird zwar nicht geleugnet, doch durch das entschiedene Eintreten für Tugend, Religion, Menschenliebe, Freundschaft und Selbstlosigkeit gemildert, so daß die rauhe Wahrheit besser akzeptabel ist. Tugend und Geld, beziehungsweise Reichtum, schließen sich keineswegs aus, geraten erst in ein Gegensatzverhältnis, wenn Geldbesitz ohne tugendhafte Einstellung erscheint. Geld, Vermögen, Vermögensverlust bilden positive oder negative Faktoren, über die der Beweis der Tugend- und Menschlichkeitsgesinnung erbracht werden kann. Nicht nur in Gellerts Lustspielen, sondern zum Beispiel auch in Lessings *Damon oder die wahre Freundschaft* (1747) werden die Gestalten über ihr Verhalten dem Geld gegenüber auf eine Art Tugendprobe gestellt, die sie unterschiedlich bestehen. Gellert allerdings umgeht im Gegensatz zu Lessing konsequent die Gefahr, die der vorbildlichen Tugendwelt seiner Stücke durch die realistische Darstellung der vermutlich weniger altruistischen Praxis des Gelderwerbs drohen würde. Er vermeidet es, seine Gestalten in der Anstrengung des Berufslebens zu zeigen; die in seinen Werken überall eine große Rolle spielenden finanziellen Transaktionen sind daher auf die relativ harmlosen Probleme um Erbschaften, Heiratsmitgiften und Lotteriegewinne beschränkt. Der reiche Tugendhafte bleibt überdies ohne nähere Berufsbezeichnung, er verfügt einfach über ein Vermögen, dessen Herkunft im Dunkel bleibt. Zur Eigenart dieser die außerliterarische Wirklichkeit verklärenden Theaterwelt gehört es schließlich, daß die Erbschaften und Losgewinne endlich doch immer den Tugendgestalten zufallen.

Trotz der gesamtgesellschaftlichen Begrenzung und weniger öffentlichen Zielrichtung, die sich das bürgerliche Drama in der Gellert-Phase selbst auferlegt, hat es doch mehr Elemente des realen Lebens in sich aufgenommen als etwa die Werke des Gottschedkreises. Das gilt selbst dann noch, wenn man die Entschärfung dieser Elemente durch die Ideale von Tugend, Moral und Religion berücksichtigt. Denn diese Entschärfung erfolgt in einer Weise, die eine Wiedererkennung der praktischen Realität ermöglicht, so daß das bürgerliche Publikum sich in den Dramen tatsächlich selbst dargestellt findet.

Gesichert werden das in und über diese Dramen entstehende Zusammengehörigkeitsgefühl wie -bewußtsein des bürgerlichen Publikums jedoch erst durch den bewußten und gezielten Einsatz der Emotionalität als des Mittels zur Versicherung eines eigenen, auch gesellschaftlich erkennbaren Standortes. Ihrem gemeinschaftsfördernden Impuls sind allerdings von Anfang resignative Elemente eingezeichnet. Es wäre immerhin denkbar, daß die Empfindsamkeit als Grundpfeiler der Komödienhandlung den Weg vom Verlachen zum befreienden Lachen des selbstverantwortlichen und sich autonom wissenden Menschen gewiesen hätte – einen Weg, den Lessing wenig später theoretisch wie praktisch einzuschlagen wenigstens versucht hat. Für das deutsche bürgerliche Drama im ganzen ist es jedoch bezeichnend, daß die Entwicklung in andere Richtung gegangen ist. Die Emotionalität, wie sie bei Gellert und noch nach ihm erscheint, sublimiert nicht nur den schon von Gottsched als Unnachgiebigkeit bekämpften Stoizismus zur empfindsamen Duldung, sondern sie bewährt sich vor allem als ein Raum des Sichabfindens, konstituiert sich vorrangig in der Form des (Mit-)Leidens. Charakteristisch für Gellerts Dramen ist es daher, daß die empfindsamen Reaktionen seiner Dramenfiguren wie auch seiner Zuschauer fast ausschließlich über Handlungen und Entscheidungen des Verzichts hervorgerufen werden. In der *Betschwester* verzichtet Lorchen zugunsten ihrer Freundin auf die Verbindung mit dem geliebten Mann; im *Loos* wird wenigstens vorübergehend der Verlust des Lotteriegewinns verschmerzt; in den *Zärtlichen Schwestern* muß Lottchen aufgrund des Verrats und der Treulosigkeit ihres Liebhabers – der bezeichnenderweise der Verführung durch Geld nicht widerstehen konnte – durch tapfere Selbstüberwindung ihrem Glück entsagen. Der Lohn für solche Verzichthandlungen wird darin gefunden, daß sie tugendhaftes Handeln sind, daß sie vor allem auch das Glück anderer verbürgen. In dieser Konzentrierung der Empfindsamkeit auf sittliche Werte liegt ihre positive, auch sozial bedeutsame Funktion. Die durch den Verzicht auf die Verwirklichung im Grunde berechtigter Glücksansprüche erbrachte Leistung behütet sie überdies davor, in die modische

Strömung der Empfindelei umzuschlagen. Doch kann das den deutlich erkennbaren kompensatorisch-resignativen Zug der Emotionalität nicht verdecken. In ihm, der häufig zum Motiv des Selbstmitleids stilisiert wird, akzentuiert sich eine Lebens- und Gesellschaftshaltung, die eben in der schmerzlichen Empfindung die eigene Identität erkennt und zugleich auch den Ausgleich für die Erfahrung politisch-sozialer Macht- wie Einflußlosigkeit findet.

Mißglückter gesellschaftlicher Anspruch
im bürgerlichen Trauerspiel

Obwohl die Veränderung, die in der Geschichte der Tragödie zur Mitte des 18. Jahrhunderts durch die Entstehung des bürgerlichen Trauerspiels stattfindet, eingreifender und spektakulärer erscheint als die Entwicklung vom satirischen zum rührenden Lustspiel, kommt der Rührkomödie doch letztlich als einem Drama bürgerlicher Selbstrepräsentation und -darstellung größere Aussagekraft zu. Denn in ihr findet die neue Mentalität mitsamt einem Großteil ihres gesellschaftlichen Anspruchs ihren mehr oder weniger angemessenen Ausdruck. Gewiß bedeutet bereits das einfache Faktum der Entstehung einer bürgerlichen Tragödie in poetologischer wie gattungshistorischer Perspektive einen einschneidenden Wendepunkt. Denn mit dem bürgerlichen Trauerspiel verlieren über Jahrhunderte respektierte Traditionen und Gesetze der tragischen Gattung ihre Geltung und werden durch neue ersetzt. Die Überwindung der Ständeklausel, vor allem die hiermit eng verbundene Ablösung des politisch-historischen Handlungsraumes durch den des Privaten, Familiären oder Ökonomischen, nicht zuletzt auch die Einführung der Prosa als Dramensprache, das alles verursacht Mutationen, die in ihrer markierenden Bedeutung für die Geschichte der Tragödie nicht genug hervorgehoben werden können.

Dennoch, als tragisches Spiel, das sich als Sprachrohr der gerade entstehenden Mittelschichten verstehen will und soll, ist die neue Gattungsspielart von vornherein zu innerer Zwiespältigkeit verurteilt. Unter anderem, weil sie sich unbedingt als Tragödie artikulieren will, als legitime Nachfolgerin der haute tragédie. Man kann sogar fragen, ob eine konsequente Weiterentwicklung des im rührenden Lustspiel Erreichten dem Prozeß der bürgerlichen Selbstfindung und -behauptung nicht bessere und ehrlichere Aussagekraft geboten hätte als die nun so stolz verteidigte Errungenschaft eines bürgerlichen Trauerspiels. Denn dieses Trauerspiel muß, um überhaupt als

Trauerspiel bestehen zu können, viele Züge der traditionellen heroischen Tragödie übernehmen, sie sich seinen Zwecken anpassen, trotz der soeben genannten einschneidenden Veränderungen, die seine Konstitution überhaupt erst ermöglichen. Dadurch entstehen Kompromisse, Halbheiten, falsche Töne und Entgleisungen, die das tragische Spiel genau das nicht werden lassen, was man von ihm (zum größeren Teil erst nachträglich) theoretisch erhofft und fordert: ein mutiges, den bürgerlichen Rezipienten in seiner Sicherheit stärkendes, auch seine gesellschaftlichen Ambitionen förderndes Theaterstück.

Dieser Aufgabe kann das bürgerliche Trauerspiel schon deshalb nicht gerecht werden, weil es der gleichen Weltanschauung verpflichtet wird, die für die heroische Tragödie der 30er und 40er Jahre galt. Gehaltlich-ideologisch wird auch das bürgerliche Trauerspiel dem positiven Sinnmodell der Leibniz-Wolffschen Philosophie unterworfen. Damit ist dem Trauerspiel dieselbe untragische Grundstruktur zudiktiert, die auch die Basis der heroischen Tragödie bildet. Ein dominierendes Element seiner Dramaturgie ist daher nach wie vor die »Fehlertheorie«, nach wie vor auch bedarf man im allgemeinen skrupelloser Bösewichte, um die dramatische Handlung überhaupt in Gang setzen und in Gang halten zu können. Gerade solche Ausgangskonstellationen führen nun jedoch zu gehaltlichen und formalen Verzerrungen, die das bürgerliche Trauerspiel – wenigstens solange es sich ausschließlich auf Themen und Probleme des »Bürgers« konzentriert – in seiner Überzeugungskraft untergraben. Man überträgt Handlungs- und Figurenkonzepte in ein Milieu, in dem sie, wenn nicht als fremd, so doch als unangepaßt erscheinen müssen. Aus anderer Sicht könnte man auch sagen, daß man das rührende Lustspiel mit seinen Themen und Gehalten ins Tragische wendet, was vergleichbare zweischneidige Effekte zur Folge hat. Die Tränenseligkeit der gefährdeten Tugend aus der Komödie kann nicht ohne Verlust an Glaubwürdigkeit in eine über fünf Akte währende Todessehnsucht des verführten Mädchens verwandelt werden, das tragische Pathos des betrogenen Kaufmanns kann in vielen Fällen kaum anders denn als erstarrte hohle Geste wirken. Was in der Komödie als Verzicht auf persönliches Glück oder Vermögen erscheint, wird nun zur großen Gebärde der Todesbereitschaft stilisiert. Hier wirken selbst die steifen Alexandriner der Tragödien aus der Gottschedschule beinahe natürlicher. Wenn in ihnen der Herrscher Himmel und Ewigkeit anrief, weil sein Reich, sein Staat, sein Volk vom Untergang bedroht wurden, dann lag in dieser Geste mehr Wahrheit als in den wortreichen Klagen der betrogenen Jungfrauen, der hintergangenen Liebhaber, der unglücklichen Väter und der überlisteten Kaufleute im bürgerlichen Trauerspiel, die in jedem zweiten Satz Gott, seinen Himmel und seine Hölle bemühen und ihr privates Schicksal unentwegt in direkte Beziehung zur Weltordnung zu setzen trachten.

So ist es eben der tragische Duktus, der das bürgerliche Trauerspiel als Kunstwerk ins Zwielicht geraten läßt. Seine vielfältigen Unvollkommenheiten entstehen durch das Streben, über das in der rührenden Komödie Erreichte hinaus, nämlich die Darstellung ernstzunehmender bürgerlicher Dramenfiguren, die bis dahin für den Bürger verschlossene traditionsreiche Gattung der Tragödie zu erobern. Darin kann man auch sozialen Anspruch und sozialen Erfolg erkennen: als anerkannte Gestalt in der Tragödie erreicht der Bürger gleichsam in aller Öffentlichkeit die Bestätigung für seine gesellschaftlich stets einflußreicher werdende Stellung. Wie überhaupt festzuhalten ist, daß die nicht komische oder verzerrende Darstellung des Privaten und Häuslichen auf der öffentlichen Bühne – im rührenden Lustspiel wie im bürgerlichen Trauerspiel – und die damit verknüpfte und zum allgemeinen Maßstab erhobene Moral der Nicht-Herrschenden ein Ereignis erster Ordnung nicht nur in der Geschichte der Literatur, sondern auch in der von Gesellschaft und Politik bildet. Das Theater, das jahrhundertelang im Dienst weltlicher und religiöser Mächte stand und in dem der Bürger allenfalls als auslachenswerte Figur erschien, ist damit zum erstenmal Repräsentationsforum auch derjenigen geworden, die politisch machtlos und nur auf die Kraft ihrer Argumente und Überzeugungen angewiesen sind. Der Enthusiasmus über diesen Erfolg unter den Schriftstellern, Gelehrten, Geistlichen und Kaufleuten ist begreiflich. Nur muß sofort hinzugefügt werden, daß selbst auf der Bühne mißglückt, was auch in der gesellschaftlichen Wirklichkeit des Alltags nicht gelingt: die Umsetzung der moralisch-bürgerlichen Forderungen in einen konkurrenzfähigen Alternativentwurf zur bestehenden sozial-politischen Realität. Der Grund hierfür liegt nicht zuletzt im Wesen der neuen Ideale selbst. Das Private und die nur in seiner Sphäre mögliche wahre Menschlichkeit können zwar zum Kriterium des Richtigen und auch sozial Wünschenswerten deklariert werden, aber sie liefern am Ende keinen tragfähigen Ersatz für die neben ihnen existierenden tatsächlichen Strukturen des öffentlich-sozialen Lebens. Familie und Häuslichkeit werden daher immer wieder zu Schutzräumen, in denen man den »Unmenschlichkeiten« der Gesellschaft entrinnen kann. Das bürgerliche Trauerspiel gerät darum auch sehr schnell mit sich selbst in Konflikt, sofern es seine Botschaft mit dem Anspruch gesamtgesellschaftlicher Verpflichtung vorträgt.

Konsequenterweise zeigen die im fünften und sechsten Jahrzehnt erschienenen bürgerlichen Trauerspiele alles andere als ein einheitliches Bild. Sie leiden unter mehrfacher innerer Widersprüchlichkeit. Neben der erwähnten ideologischen ist es vor allem eine dramaturgische. Sie ist das Ergebnis der Notwendigkeit, bürgerliche Konfliktinhalte mit tragischen Dimensionen zu versehen, was eben kaum anders denn mit Hilfe der dramaturgischen Mittel der heroischen Tragödie geschehen kann. Das Resultat sind Extremformen, die die Dramen entweder in ausschweifender Rhetorik versanden lassen oder relativ trivialen Konflikten einen beinahe barocken Heldengestus überstülpen. Erst als das bürgerliche Trauerspiel sich nicht mehr ausschließlich auf die Darstellung des bürgerlichen Lebens konzentriert, als der Gegensatz zwischen Bürgerwelt und Hofwelt, zwischen Tugendgesinnung der Mittelschichten auf der einen und politisch-berechnender Denk- und Handelsweise der Mächtigen auf der anderen Seite sein Gegenstand wird, gewinnt es dramatische Kraft, erreicht es auch künstlerisches Niveau. Das geschieht jedoch erst in Lessings *Emilia Galotti* und Schillers *Kabale und Liebe*.

Dies alles besagt jedoch nicht, daß das bürgerliche Trauerspiel nicht doch gerade durch seine künstlerische Schwäche und seine innere wie äußere Uneinheitlichkeit repräsentativer Ausdruck der bürgerlichen Denkweise, ja in gewisser Weise sogar Ausdruck der sozialen Situation des Bürgers in der Mitte des Jahrhunderts wird. Die im Theater sichtbar werdende Diskrepanz zwischen Anspruch auf Selbstdarstellung, auf Präsentation eigener Standpunkte und Ideale und gleichzeitiger gebrechlicher künstlerischer Bewältigung entspricht durchaus einer analogen gesellschaftlichen Situation, in der sich moralisch-soziale Forderung und tatsächlich vorhandene gesellschaftliche und politische Machtlosigkeit unvereint gegenüberstehen. Die innere Unstimmigkeit des bürgerlichen Trauerspiels kann als Symptom der Ungleichzeitigkeit des bürgerlichen Wollens und Könnens verstanden werden. Man ist den selbst gestellten Aufgaben, der Verwirklichung der eigenen Ideen keineswegs gewachsen. Die Prätentionen laufen den Möglichkeiten der Wirklichkeit voraus, was dann sehr schnell zu defensiven und resignativen Verhaltensweisen führt. Das bürgerliche Trauerspiel illustriert diesen Vorgang eigentlich von Anfang an.

Im Prinzip vereinigt bereits das englische Vorbild für die deutschen bürgerlichen Trauerspiele die Stärken und Schwächen der neuen Gattung in sich. George Lillos *Der Kaufmann von London oder Begebenheiten Georg Branwells* war 1731 erschienen und 1752 von Henning Adam von Bassewitz (nach einer französischen Vorlage) ins Deutsche übersetzt worden. Lillos Werk wird allgemein als das erste bürgerliche Trauerspiel überhaupt angesehen. Obwohl sein direkter Einfluß auf die deutschen Werke umstritten ist, muß man seine allgemeine Wirkung doch hoch ansetzen. Die neue Gattung wird in Deutschland bis gegen Ende des Jahrhunderts als von England aus inspiriert gesehen. Nicht zufällig trifft man daher auch in fast allen deutschen Werken englische Namen und englisches Handlungsmilieu an (Lessings *Miß Sara Sampson*, Pfeils *Lucie Woodvil*, Brawes *Freigeist* u.a.). In einer Hinsicht unterscheidet sich das englische Trauerspiel allerdings von seinen deutschen Entsprechungen: seine banale bis triviale Handlung spielt eindeutig in der Welt der Kaufleute, obwohl auch hier die grundlegenden Handlungs- und Konfliktimpulse dem Stück wiederum nicht aus einer spezifischen Kaufmannssphäre zuwachsen. Immerhin aber wird doch gelegentlich so etwas wie eine neue Ideologie formuliert, die ihr Herzstück in der humanisierenden Kraft des Handel- und Gewerbetreibens haben soll:

Wie groß würde mein Vergnügen seyn, wenn ihr euch recht mit Fleiß auf die Handlung legen, und sie nicht allein als ein Mittel, euer Glück zu befördern, sondern auch als eine Wissenschaft ansehen wolltet, deren Grundsätze in der Vernunft und Natur gegründet sind; wie wohl würdet ihr thun, wenn ihr euer Nachdenken recht mit Fleiß auf die häufigen Vortheile richtetet, welche der menschlichen Gesellschaft durch dieselbe zuwege gebracht werden, auf die Künste, den Fleiß, den Überfluß, den Frieden und auch das allgemeine gute Vernehmen, welches sie von einem Pole bis zum andern ausbreitet. Sie ist es, welche zuerst unter den Menschen die glückliche Bereitwilligkeit, sich untereinander zu dienen, hervorgebracht hat, und dieselbe auch bey solchen Völkern unterhält, die nach der Lage ihres Landes, nach ihren Sitten und nach ihrer Religion, weit von einander unterschieden sind. ... Ich sehe es wohl ein, daß in denen Ländern, wo man dem Commercewesen aufzuhelfen suchet, dasselbe eine Quelle vieler nützlichen Entdeckungen ist, daß es Freundschaften stiftet, die Menschen gesitteter und höflicher machet, und daß es die verschiedenen Nationen die Kunst lehret, durch einen billigen Tausch sich untereinander die nothwendigen Sachen mitzutheilen, welche die Natur dem einen Lande versaget, und womit sie das andere reichlich versehen hat. [40]

Im übrigen aber ist die Handlung nach einem simplen Schema des Gegensatzes von Tugend und Laster konstruiert, das mit solchen programmatischen Idealen nur sehr am Rande zu tun hat. Der junge und in jeder Hinsicht unerfahrene Kaufmannsgehilfe Georg Barnwell erliegt den Verführungskünsten der geldlüsternen Millwood, einer Intrigantin, die als dramatische Figur bis hin zu Schiller zahlreiche Nachfolgerinnen haben wird, Frauengestalten, die man als Nachfahrinnen des sogenannten barocken Machtweibes bezeichnet hat. Barnwell wird von Millwood zu Betrug und Mord angestiftet; am Ende werden beide hingerichtet; er unter deutlichen Ausbrüchen von Reue und Verzweiflung, sie ohne jedes Anzeichen von Reue oder von Bedauern über ihre Taten. Handeln und Untergang des männlichen Helden sind die Folge seiner Unerfahrenheit, seiner mißbrauchten Liebe und Güte, seiner Wehrlosigkeit gegenüber berechnender Gewissenlosigkeit. Das gehaltliche Ziel ist darum auch keineswegs in der Aufdekkung irgendwelcher, nur tragisch zu lösender Widersprüche zu suchen. Ein im Grunde positives Weltbild wird durch die Vorgänge nicht in Frage gestellt. Das tragische Spiel dient der Belehrung und Erbauung, was in den Schlußworten unmißverständlich ausgesprochen wird:

> Umsonst zeigen unsere blutende Herzen und weinende Augen, daß wir auf eine edle menschliche Art anderer Unglück empfinden, wenn wir nicht zugleich die Ursach ihres Untergangs bemerken, und wann wir sie vermeiden, unserm eignen Untergang zuvorkommen. [41]

Nicht in diesem moralisch-sittlichen Zeigecharakter liegt die sozial- und literaturgeschichtliche Bedeutung von Lillos Drama. Sie ist vor allem in der Tatsache zu suchen, daß hier zum erstenmal bewußt und zielgerichtet eine nichthöfische Gestalt zum Helden einer Tragödie gewählt wird, daß nicht aus politisch-historischem Bereich hervorgerufene Konflikte die Basis der Tragödienhandlung abgeben. Der als Schauerballade überlieferte Stoff kann auf diese Weise zum Vehikel einer bedeutsamen bürgerlichen Selbstaussage werden.

Nicht nur in England und Deutschland strebt man nach einem ernsthaften bürgerlichen Drama. In Frankreich, von dem aus die comédie larmoyante ihren europäischen Siegeszug angetreten hatte, wird vor allem durch Denis Diderot die Tradition der Rührkomödie weitergeführt und in ein ernsthaftes, allerdings untragisches drame bourgeois verwandelt. Obgleich sie erst nach 1760 in Deutschland in weiteren Kreisen bekannt werden (durch Lessings Übersetzung der zwei Dramen von Diderot), sind auch die Werke dieses französischen Autors und noch stärker seine ästhetischen Theorien Symptome des überall in Europa anzutreffenden Willens, den erstarkenden Mittelschichten das Theater zu erobern, die Bühne als einen Ort zu gewinnen, an dem der Anspruch auf gesellschaftliche Anerkennung öffentlich erhoben werden kann. Diderot fordert ausdrücklich, daß der soziale Stand Ausgangspunkt und Fundament einer künftigen Dramatik werde. Der dramatische Knoten, Konflikte, Themenstellung sollen nicht länger aus den Charakteren hervorgehen, überhaupt sollen extreme Charaktergestalten, wie sie gleichermaßen in Tragödie und Komödie aufträten, vermieden werden. Gemäßigte Charaktere, die dem Theaterbesucher naheständen, sollen nach seiner Theorie auf dem Theater erscheinen. Für sein drame bourgeois bedeutet das, daß »wahre« Charaktere und Handlungen zur Grundlage des Theaterspiels werden müßten, was wiederum einschließt, daß individuelle Probleme und Konflikte durch solche des Standes ersetzt werden:

Daß man, eigentlich zu reden, nicht mehr die Charaktere, sondern die Stände auf die Bühne bringen muß. Bisher ist in der Komödie der Charakter das Hauptwerk gewesen, und der Stand war nur etwas Zufälliges: nun aber muß der Stand das Hauptwerk und der Charakter das Zufällige werden. ... Künftig muß der Stand, müssen die Pflichten, die Vorteile, die Unbequemlichkeiten desselben zur Grundlage des Werks dienen. [42]

Programmatischer sind die Forderungen nach einem bürgerlichen Drama in Europa kaum formuliert worden. Doch auch bei Diderot bleibt die dramatische Praxis weit hinter derartigen Forderungen zurück, mißlingt im Grunde das ehrgeizige Vorhaben gänzlich. Seine beiden exemplarisch gemeinten Dramen *Der natürliche Sohn oder Die Proben der Tugend* (1757) und *Der Hausvater* (1760) gehen kaum weiter als die Darstellungen in der Rührkomödie. Auch hier siegen Tugend, Großmut und Rechtschaffenheit und mit ihnen ein nie gefährdetes harmonisierendes Weltbild. Außer in rhetorischen Feststellungen und Aktionen tauchen spezifische Standesprobleme nicht auf, wie überhaupt die Konflikte nur als vorübergehende, oberflächliche Verstörungen der guten und im Grunde durch und durch wohlgeordneten Verhältnisse erscheinen. Beide Stücke enden nicht zufällig mit Doppelhochzeiten.

In Deutschland vereinigen sich die verschiedenen europäischen Einflüsse mit der Tradition des rührenden Lustspiels, aber auch mit der aus der heroischen Tragödie der Gottschedära implizit hervorgehenden bürgerlich-öffentlichen Grundhaltung, nicht zuletzt auch mit der Wirkung des thematisch verwandten Romanschaffens der Engländer Fielding und Richardson. Auch in Deutschland entsteht jedoch kein Drama, das die bürgerliche Weltauffassung als gesellschaftliches Ideologem nachdrücklich und wirkungsvoll zu verbreiten in der Lage ist, obwohl man gerade an diese Wirkung des bürgerlichen Trauerspiels glaubt (vgl. das folgende Kapitel). Den Maßstab setzt 1755 Lessings *Miß Sara Sampson*. Die Handlung dieses ersten deutschen bürgerlichen Trauerspiels ist wie in Lillos Werk im Kaufmannsmilieu angesiedelt, was hier jedoch wie dort wenig zur Profilierung des Geschehens beiträgt. Thema ist auch nun wiederum Gefährdung und Verteidigung des Tugendhaft-Religiösen, das der Skrupellosigkeit des Bösen und Berechnenden unterliegt, von dem überdies alle Handlungsimpulse ausgehen. Der Leidensweg der Unschuldigen, der Verführten, der Halbschuldigen, die Darstellung des Zurückfindens zu Versöhnung und Vergebung in Gott und den mit ihm verbundenen Tugendgeboten setzen die Hauptakzente. In den Gestalten des schwankenden Mellefont und der vor Mord nicht zurückschreckenden Maarwood klingen Züge einer nichtbürgerlichen Moral an, die als Kontrastmotiv die Geschehnisse in eine wirklich tragische Konstellation hätte dirigieren können; aber diese Gegenmoral bleibt zu stark individuelle Größe, als daß sie einen dramatisch produktiven Gegensatz zum im Zentrum stehenden Moral- und Tugendkonzept zu konstituieren vermag. Gerade diese Gestalten bestätigen am Ende direkt und indirekt den Rückzug der Tugendhaften in den nichtöffentlichen Privatbereich der Familie: Mellefont endet durch den freiwillig gewählten Sühnetod, Maarwood entflieht.

Die Zeitgenossen schreiben allerdings gerade solcher Themen- und Handlungsgestaltung eine läuternde, auch sozial läuternde Wirkkraft zu. Menschlichkeit bewährt sich in ihren Augen als leidende Menschlichkeit, die den Zuschauer zu Mitgefühl und Tränen rührt, ihn dadurch zu vergleichbaren Einstellungen und Handlungen anspornend. Die Menge der von den Zuschauern während der Aufführung vergossenen Tränen wird daher geradezu zum Qualitätsmerkmal der Theaterstücke. Lessings Freunde bestätigen ihm darum immer wieder, daß die *Sara*, gelesen oder auf dem Theater gesehen, sie zu großen Tränenausbrüchen veranlaßt habe. Inhaltlich aber ist dieser, immer auch religiös fundierten Empfindsamkeit ihre Verwirklichung als Lebensform nur im Rückzug aus der Öffentlichkeit möglich. Den Anfeindungen der unvollkommenen Welt zeigt sie sich nicht gewachsen. Man begnügt sich daher auch im bürgerlichen Trauerspiel stets schneller mit der gewußten und im Privaten gelebten Übereinstimmung mit Gott und der Tugend. Bezeichnend ist zum Beispiel Saras Verzicht auf öffentliche Anerkennung ihrer Eheschließung mit ihrem Verführer Mellefont:

Ich will mit Ihnen, nicht um der Welt Willen, ich will mit Ihnen um meiner selbst Willen verbunden sein. Und wenn ich es bin, so will ich gern die Schmach auf mich nehmen, als ob ich es nicht wäre. Sie sollen mich, wenn Sie nicht wollen, für Ihre Gattin nicht erklären dürfen; Sie sollen mich erklären können, für was Sie wollen. Ich will Ihren Namen nicht führen; Sie sollen unsere Verbindung so geheim halten, als Sie es für gut befinden; und ich will derselben ewig unwert sein, wenn ich mir in den Sinn kommen lasse, einen andern Vorteil, als die Beruhigung meines Gewissens, daraus zu ziehen. [43]

Auch wenn diese moralisch-empfindsame Gesinnung auf dem Theater demonstriert wird, das heißt in der Öffentlichkeit mit dem Anspruch auf Nachfolge und in der Zuversicht ihrer Wirkung vorgeführt, ihre immanente reduktive Zielrichtung wird dadurch nicht geringer. Die sittlich-moralisch unkorrumpierbaren Helden des bürgerlichen Trauerspiels können auf die feindliche Wirklichkeit immer nur reagieren, sie vermögen sie auch im fiktiven Geschehen des Theaterspiels nicht umzuformen. Sie akzeptieren sie schließlich im Akte der Vergebung und im Vertrauen auf Gottes ewige Gerechtigkeit. Am Ende der *Sara* wird dementsprechend von Sir William

Sampson, der als eine Art Stellvertreter Gottes auftritt, allen vergeben, auch der Mörderin und dem Verführer seiner Tochter. Es ist eine Vergebung, die die Unabänderlichkeit des Laufes der Dinge weitgehend voraussetzt und akzeptiert, die nur im Angesicht des Todes und im gläubigen Verweis auf Gottes Milde ihren Sieg über die Wirklichkeit erringen kann.

In *Miß Sara Sampson* gibt es Anzeichen, daß diese Diskrepanz zwischen Anspruch und Realität bürgerlicher Tugendgesinnung als Problem dem Autor nicht unbemerkt blieb (vgl. S. 123 f.). In den in der Nachfolge dieses Dramas entstandenen Werken dagegen ist hiervon wenig oder nichts zu bemerken. Ihre Handlungen verflachen zu oberflächlicher Schematik und Deklamation. Ein wenig differenzierter Gegensatz von Gut und Böse bildet fast überall die Grundlage der Vorgänge; »Fehltritte« eigentlich tugendhafter Gestalten, auch solche, die aus der Vergangenheit nachwirken, werden von gewissenlosen Intriganten ausgenutzt. Beinahe immer führt das zum Tod und Untergang der Rechtschaffenen. Mit ihrem Tode wird dann allerdings auch immer wieder Gottes gerechte Welt beschworen. Nur dort, wo von derartigen Grundmustern abgewichen wird, vor allem wo man nicht dem Zwang zur unbedingten tragischen Zuspitzung der Konflikte erliegt, erreichen die Dramen größere innere Wahrheit, können sie darum auch der Propagierung der bürgerlichen Lebensideale besser dienen. Johan Jacob Duschs *Der Bankerot* (1763) trägt zwar den Untertitel *Ein bürgerliches Trauerspiel,* doch findet sich darin weder Tod noch Selbstmord. Die Handlung zeigt den vergeblichen Versuch eines Kaufmanns, seine Partner zu betrügen. Er wird am Ende entlarvt und der rechtschaffene, aber in zweifelhaftes Licht geratene Comtoirbediente wird glänzend rehabilitiert. Auch in diesem Werk fehlt die aufwendige, mit zahllosen Sentenzen durchsetzte Weitschweifigkeit nicht, fehlt auch die ständige Verflechtung des Irdischen mit dem Göttlichen nicht, im ganzen aber ist das Geschehen, eben weil auf extremes Pathos und auf extreme Taten verzichtet wird, der Wirklichkeit näher als das der meisten anderen Dramen. So kann sogar das dem entlarvten Betrüger geltende Schlußwort auf ein glaubhaftes irdisches Handeln hindeuten: »Das Laster ist bestraft; lassen Sie uns den Menschen erhalten!«
[44]

Ergreifen bei Dusch sogar die Tugendvertreter die Initiative, im allgemeinen bleiben gerade sie im bürgerlichen Trauerspiel passiv oder sind ihre Aktivitäten von vornherein zum Scheitern verurteilt. So auch in Joachim Wilhelm von Brawes *Freigeist* (1757), in dem Granville vergeblich versucht, seinen von einem Bösewicht verführten Freund zu retten, ja sein Vorhaben mit dem Leben bezahlen muß. Die Handlung dieses Trauerspiels speist sich aus Motiven der Macht- und Geldgier, verbunden mit ungezügelter Eifersucht. Im Grunde eine Art Hofintrige, die in ein bürgerliches Milieu versetzt ist. Noch abgesehen davon, daß Brawes Stück – im Gegensatz zu Lessings gleichnamiger Komödie – das geläufige Vorurteil bestätigt, Freigeister seien bestenfalls die Opfer gottloser Bösewichte.

In fast allen bürgerlichen Trauerspielen willigen die wortgewaltigen Vertreter der Tugend nach kürzerer oder längerer Zeit resigniert in den bösen Lauf der Dinge ein, den sie nicht abwenden können. Auch in Johann Gottlob Benjamin Pfeils *Lucie Woodvil* (1756) vermag man die katastrophalen Folgen eines in ferner Vergangenheit begangenen Fehltritts nicht zu verhindern. Das tragische Ende der Hauptgestalten ist daher unvermeidlich; obwohl am Schluß des Stückes natürlich die eigentlich Bösen bestraft sind, die schuldig Gewordenen ihre Verfehlungen mit dem Tode gesühnt haben, so daß auch hier wieder Gelegenheit gegeben ist, die himmlische Gerechtigkeit in ihren irdischen Auswirkungen zu preisen:

... laß uns mit einer stillen Ehrfurcht vor dieser Gerechtigkeit zittern, die auch die geringsten Verbrechen nicht ungerochen läßt. Laß uns aus Karls und Luciens unglücklichem Beispiele lernen, daß demjenigen das größte Laster nicht weiter zu abscheulich ist, der sich nicht scheut, das allergeringste auszuüben. [45]

Nochmals: dergleichen mit Nachdruck vorgetragene Deutungen des Dramengeschehens und der Welteinrichtung können nicht über die innere wie äußere Schwäche der humanen wie göttlichen Kräfte in der erbarmungslosen Wirklichkeit des Alltags hinwegtäuschen. Tatsächlich verkünden solche Sentenzen den Rückzug aus der chaotischen Realität in die innere Gewißheit einer ewigen Gerechtigkeit. Nur gelegentlich wird in den Dramen etwas wie eine Auflehnung gegen die sich beinahe systematisch ausbreitende Resignation sichtbar, die in eine Abwendung vom korrumpierenden Lebensalltag münden muß. Hier und da gibt es ein individuelles, ein subjektives Ungenügen an der unerbittlichen Verpflichtung zur Sittlichkeit, an der unnachsichtigen Tugendgerechtigkeit, die praktisch zur Inaktivität und zur Hinnahme des Unsittlichen und Nichttugendhaften verurteilt. Man kann darin Ausdrucksformen eines Ichgefühls erkennen, das sich mit dem Verzicht auf Leben und Glück nicht zufrieden geben will. In erster Linie sind es natürlich die bösen oder moralisch schwankenden Charaktere, die solche unangepaßten Haltungen artikulieren (Maarwood, Mellefont in Lessings *Sara*, Henley in Brawes *Freigeist*). Bisweilen aber werden sogar die im Prinzip eindeutig tugendhaften Gestalten von solchen Regungen des Protests ergriffen. So befreit sich zum Beispiel die von Karl Southwell verführte Lucie Woodvil in einem Monolog von dem sie bedrückenden moralischen und nie ermüdenden Tugendhandeln ihrer Freundin Amalie:

79

Darf ich endlich frei Atem schöpfen? Bin ich von dieser beschwerlichen Freundin erlöst? Wie hasse ich, wie verabscheue ich sie! So edel, so weit erhaben über mich! Und ich so klein, so kriechend gegen sie! Ungerechter Himmel, war es nicht genug, daß du mich durch meine Leiden gestraft hast? Warum quälst du mich noch jetzt durch deine Wohltaten? Ich verfluche sie selbst in dem Augenblicke, da mein törichtes Herz nach ihnen seufzet. [46]

Solche Ausbrüche bleiben jedoch Ausnahmen. Sie werden verdrängt und verdeckt durch quietistisch anmutende Verhaltensweisen, so daß der zu tätiger und sozialer Humanität verpflichtende Appell zwar unendlich oft formuliert wird, nicht aber als aktives Handeln in Erscheinung tritt. Das bürgerliche Trauerspiel gerät dadurch von Anfang an mit seiner eigenen Ideologie in Widerspruch. Weil sein tragischer Konflikt nicht in den Gegebenheiten der sozial-bürgerlichen Lebenswelt begründet, sondern als abstraktes Konstrukt des Gegensatzes von Tugend und Laster gefaßt wird, der unabhängig von gesellschaftlichen Kontexten als ein Prinzip existiert, muß die dem bürgerlichen Trauerspiel zugeschriebene Botschaft in Bedrängnis geraten. Das als individuelle Bosheit gestaltete Laster, die Abtrünnigen der vernünftigen und sittlichen Weltordnung erweisen sich de facto als stärker und einflußreicher als die vereinte Anstrengung derjenigen, die für die Postulate bürgerlicher Humanität und sozialer Integrität eintreten. Obwohl das bürgerliche Trauerspiel das Dogma einer guten und gerechten Welt unablässig verkündet, illustriert es in und mit seinen Handlungen ebenso unablässig Schwäche und Anfälligkeit dieses Dogmas, das sich schließlich nur in der Form innerer Werte und im Blick auf das Jenseits behaupten kann.

Ungewollt trägt die im Prinzip fortschrittliche Gattung des bürgerlichen Trauerspiels auf diese Weise dazu bei, die bürgerlichen Ideale als Ideale zu beschreiben, deren Realisierung in der sozialen Wirklichkeit nicht oder nur sehr schwer gelingen kann. Dieser Effekt ist zudem die Folge der fast konsequenten Enthaltsamkeit von aller sozialen Thematik. Aus den Trauerspielen selbst wird darum auch nicht deutlich, warum die bürgerlichen, auf das gesellschaftliche Leben gerichteten Leitvorstellungen nur in der Defensive aktiv werden können. Erst als mit Lessings *Emilia Galotti* 1772 ein Drama erscheint, das den Tugend-Laster-Gegensatz auch als sozial-politischen Gegensatz begründet, wird dem Zuschauer eine sinnfällige Problemkonstellation angeboten, aus der hervorgeht, warum bürgerliches Tugend- und Menschlichkeitsstreben sich nicht in der gegebenen gesellschaftlichen Wirklichkeit durchsetzen kann und sich mit der Rolle des verpflichtenden Moralappells begnügen muß. Dies um so deutlicher, als in diesem Werk zum Beispiel auch die traditionelle Fehlertheorie als Ausgangspunkt der tragischen Entwicklung kaum noch zur Anwendung gelangt. Emilia ist nicht wie ihre Schwestern in den meisten anderen bürgerlichen Trauerspielen das verführte Mädchen, das seinen »Fehltritt« aufgrund tragischer Umstände mit dem Tode sühnen muß. Emilias »Schuld« ist ihre mögliche Verführbarkeit, eine »Schuld«, die kaum hinreicht, ihren Tod eindeutig als Sühnetod zu rechtfertigen. Die Hilf- und Wehrlosigkeit der Bürger wird in Lessings Drama unter anderem dadurch überzeugend begründet, daß sie der Macht, der Willkür und dem Intrigantentum eines Duodezfürsten und seiner Höflinge ausgeliefert werden. Die Galottis werden schuldlos in die amoralische Welt des Hofes verstrickt, der sie – wollen sie ihre Lebens- und Moralprinzipien nicht aufgeben – zum Opfer fallen müssen. Auch wenn man nicht davon ausgeht, daß Emilias und Odoardos Handeln von allen Makeln frei ist, dann noch bleibt kein Zweifel, daß hier im Kern unschuldige Menschen und mit ihnen bürgerlich-humane Überzeugungen von Gegenkräften getroffen und zerstört werden, die auch sozial präzise definiert sind. Das über die Galottis hereinbrechende Schicksal ist um so sprechender, als die Reaktion der Hofwelt keineswegs durch gesellschaftlich oder politisch provozierende Handlungen ausgelöst wird, sondern seine Ursache in der spezifischen, von Macht, Eigennutz und Begier geprägten Struktur des Hofes findet. Bezeichnenderweise – und damit bleibt auch Lessing der allgemeinen Tendenz des bürgerlichen Trauerspiels treu – will Appiani sich nach seiner Hochzeit mit seiner Frau aufs Land zurückziehen, hat Odoardo den aktiven Hofdienst schon seit Jahren auf ein Minimum beschränkt. Aber auch der Rückzug aus dem gesellschaftlichen Leben schützt nicht vor der Katastrophe. Der im Drama verarbeitete Hinweis auf den Virginia-Stoff wirkt in diesem Zusammenhang besonders enthüllend. Führte in der römischen Geschichte der Tod der Bürgertochter zu Aufstand und Revolution, in dieser modernen Bearbeitung bleibt er gänzlich ohne Folgen. Herder kommentiert gerade dieses Ende des Dramas:

In wenigen Tagen, fürchte ich, hat er [der Prinz] sich selbst ganz rein gefunden, und in der Beichte wird er gewiß absolviert. Bei der Vermählung mit der Fürstin von Massa war Marinelli zugegen, vertrat als Kammerherr vielleicht gar des Prinzen Stelle, sie abzuholen. Appiani dagegen ist tot; Odoardo hat sich in seiner Emilia siebenfach das Herz durchbohrt, so daß es keines Bluturteiles weiter bedarf. Schrecklich! [47]

Wie in beinahe allen bürgerlichen Trauerspielen wird auch hier am Schluß die himmlische Gerechtigkeit angerufen: Odoardo verweist auf den göttlichen Richter. Zum erstenmal jedoch enthält diese Schlußgebärde, aufgrund der in *Emilia Galotti* gestalteten irdischen Machtverhältnisse, mehr als nur vertröstende und kompensatorische Funktion, wird sie vielmehr zum adäquaten Ausdruck einer tatsächlich existierenden tragischen Ausweglosigkeit, die nur in der Aussicht auf eine spätere, nichtirdische Gerechtigkeit ausgehalten werden kann.

Problem- und Figurenkonstellation der *Emilia Galotti* werden zwölf Jahre später in Schillers *Kabale und Liebe* (1784) wieder aufgegriffen und erweitert. In Schillers Drama, einer Art Nachzügler der ersten Periode des bürgerlichen Trauerspiels, werden geltende Standesgrenzen durch die Liebe zwischen Ferdinand und Luise überschritten; ihre Verbindung scheitert nicht, was noch in Lessings Drama ausschlaggebend war, an den persönlichen Begierden eines Willkürfürsten, sondern an der Tatsache, daß sie politische Pläne der Mächtigen durchkreuzt und zugleich geltende gesellschaftliche Schranken negieren will. Geriet in Lessings Werk die Gruppe der Bürger unfreiwillig in das Geflecht der Hofintrigen, bei Schiller stellt das tragische Paar konkrete Forderungen an die Gesellschaft, wie überhaupt anklägerische Töne an die Seite der nur verteidigenden und beschwichtigenden Klagen des üblichen bürgerlichen Trauerspiels treten. Bei Schiller erhebt die bürgerliche Menschlichkeit Anspruch auf tatsächliche Verwirklichung innerhalb bestehender sozialer Verhältnisse, in diesem Falle in der Form der Verwirklichung der Liebesverbindung. Aus diesem Anspruch und nicht – wie in den früheren Werken – aus der Bedrohung der Tugend entsteht hier denn auch letztlich die tragische Zuspitzung. So hat das Werk seinen gehaltlichen Schwerpunkt in einer dem bürgerlichen Trauerspiel der 50er und 60er Jahre fremden Haltung des Forderns, die sich nicht nur gegen die Regeln und Einrichtungen der Gesellschaft, sondern sogar gegen die repräsentative bürgerliche Institution der Familie richtet.

Mit derartigen gehaltlichen Fundierungen des dramatischen Konflikts ist die gängige Basis des bürgerlichen Trauerspiels aus den vorangehenden drei Jahrzehnten überwunden. Überhaupt kündigt sich bei Schiller eine Thematik der Tragödie an, die die der bürgerlichen Ideologien der Mitte des Jahrhunderts, einschließlich der des Standesgegensatzes, überschreitet. Die Tragik der Liebenden in *Kabale und Liebe* entsteht nicht nur aus den äußeren Umständen, die ihre Vereinigung verhindern, sondern ist auch in der charakterlichen Disposition der Gestalten, vor allem Ferdinands, begründet, einer Disposition, die den von den Gegnern eingefädelten Intrigen nicht standhalten kann. Auch die im bürgerlichen Trauerspiel übliche Verknüpfung des irdischen Geschehens mit religiöser Motivik erhält bei Schiller neue und andere Dimensionen. In *Kabale und Liebe* ist nicht nur der Deklamationsstil des bürgerlichen Trauerspiels endgültig überwunden, hier haben auch seine spezifischen Themen und Sichtweisen ihre Herrschaft verloren.

Widersprüche und Ungleichzeitigkeiten.
Dramaturgische Theorie und Praxis des Dramas in der Mitte des Jahrhunderts

Mitleid und Menschlichkeit als theoretische Grundlagen eines bürgerlich-unständischen Dramas

So unzulänglich im großen und ganzen die literarische Qualität der bürgerlichen Trauerspiele in den Jahrzehnten zwischen 1750 und 1770 ist, so wenig die Werke ihren eigenen impliziten und expliziten Zielvorstellungen gerecht werden, so eindeutig werden diese Zielvorstellungen jedoch theoretisch formuliert. Ohne daß es zu einer bis in alle Einzelheiten ausgearbeiteten Theorie des bürgerlichen Trauerspiels kommt, entsteht doch ein theoretischer Grundriß, der die ideologischen Ziele und Ausgangspunkte zusammenfaßt und der vor allem den Rahmen liefert, innerhalb dessen die Werke rezipiert werden. Die Unmißverständlichkeit der dramaturgischen Theorien, mit welcher das bürgerliche Ethos in praktische Theaterforderungen umgesetzt wird, ist so stark, daß die Zeitgenossen die ideologischen Grundsätze und Ausgangspunkte sogar dort realisiert sehen, wo sie de facto nicht oder höchstens zu schöner Deklamation verwässert auftreten.

Nach 1750 erscheinen zahlreiche Schriften und Abhandlungen, in denen man sich für ein bürgerliches Drama und insbesondere für ein bürgerliches Trauerspiel einsetzt. Ihre Kette wird bis 1800 nicht mehr abreißen. Gegen Ende des Jahrhunderts werden Position und Notwendigkeit des bürgerlichen Dramas zum Teil sogar gegen die aufs neue entstehenden klassischen Formen des Theaterspiels behauptet. Unter anderem sieht man die Berechtigung des eingenommenen Standpunkts im Erfolg der Werke von August Wilhelm Iffland, August von Kotzebue und Friedrich Ludwig Schröder, deren Schauspiele um 1800 die deutschsprachigen Bühnen beherrschen.

Doch von Anfang an gibt es keineswegs nur Verteidiger der neuen Gattung des Tragischen. Besonders diejenigen, die über den theoretischen Postulaten den Blick für die Realität der tatsächlich erscheinenden Beispiele nicht verlieren, erkennen die Gefahr, die dem Theater als öffentlich-gesellschaftlicher Institution dadurch droht, daß das bürgerliche Trauerspiel das dramatische Geschehen beinahe ausschließich im Milieu des Privaten und Häuslichen ansiedelt. Sie berufen sich daher auf die traditionellen Aufgaben der Tragödie, die den Zuschauer nicht nur mit allgemein menschlichen, sondern auch mit öffentlich-politischen Problemen zu konfrontieren habe.

Friedrich Nicolai besteht in seiner *Abhandlung vom Trauerspiele* auf der »Größe« der dramatischen Handlung, die in manchem bürgerlichen Trauerspiel fälschlicherweise durch »Moral« ersetzt worden sei [48]. Gerade auch die auf Erregung von Emotionen gerichtete Wirkungsabsicht des bürgerlichen Trauerspiels ruft wiederholt Protest hervor. So kritisiert Johann Georg Sulzer 1774 in seiner einflußreichen *Allgemeinen Theorie der schönen Künste* die »Wollust des untätigen Mitleids«, die die neue Gattung hervorrufe, wendet sich gegen die in seinen Augen schädliche Tendenz, Privatangelegenheiten ebenso ernstzunehmen wie öffentliche, und setzt sich nachdrücklich für die Tragödie ein, die den Zuschauer »für die wichtigen öffentlichen Angelegenheiten zu außerordentlicher Anstrengung der Kräfte« reizen soll [49]. Und auch Herder kann trotz aller Sympathie für das bürgerliche Trauerspiel nicht umhin festzustellen, daß »Rührung« nicht der »letzte Zweck« der Tragödie sei [50].

Diese und andere Kritiker des bürgerlichen Trauerspiels gehören in der Regel in das Lager der Konservativen und eher starren Traditionalisten, die sich nicht von der klassizistischen Gattungstradition zu lösen vermögen. Man sollte jedoch nicht übersehen, daß in ihrer Kritik bestimmte ursprünglich genuin aufklärerische Positionen kontinuiert werden, Positionen, wie sie etwa von Gottsched in den 30er Jahren entwickelt worden waren. Andererseits wollen natürlich auch die Befürworter der neuen Gattungsformen kein Drama, das sich im Privaten erschöpft und den Rückzug aus dem öffentlich-gesellschaftlichen Leben stimuliert. Sie sehen vielmehr in der Demonstration des Familialen und Privaten die angemessene Wiedergabe eines neuen gesellschaftlich-öffentlichen Lebens, in dem die Motive und Handlungsgrundlagen der Wirklichkeit des durchschnittlichen Zuschauers zum Ausdruck gelangen. Die Realitäten seines unauffälligen Lebens seien eben nicht primär von übergreifenden historischen Interessen bestimmt oder durch die Hof- und Staatswelt geprägt. Daher die Abwendung von der »Geschichte« auch auf der Bühne, die zum Beispiel Johann Gottlieb Benjamin Pfeil 1755 in seiner Abhandlung *Vom bürgerlichen Trauerspiele* begrüßt, die Imitation des »gemeinen Lebens«, die er verlangt [51]; daher auch das Mißtrauen gegenüber dem »schwachen Effekt«, den das »Staatsinteresse« »heutzutage« habe, wie Christian Heinrich Schmid in seinem Artikel *Über das bürgerliche Trauerspiel* 1768 betont [52]. Er gibt damit die von vielen Zeitgenossen geteilte Auffassung wieder, die Lessing vor ihm in der *Hamburgischen Dramaturgie* bereits einprägsam formuliert hatte: »... ein Staat ist ein viel zu abstrakter Begriff für unsere Empfindungen« [53].

Von ihrem Standpunkt aus kritisieren die Gegner des bürgerlichen Trauerspiels mit Recht die dominierende emotionale Wirkungsabsicht. Doch verkennen sie dabei die entscheidenden Veränderungen, die der Wert der Emotion, der »Empfindung«, wie der zeitgenössische Terminus lautet, gerade in Verbindung mit dem Trauerspiel inzwischen erfahren hat. »Rührung«, »Mitleid«, »Furcht«, »Erregung der Leidenschaften«, »Empfindung« sind die Schlüsselbegriffe der lang anhaltenden Diskussion, die sich immer wieder in zum Teil kritischer Auseinandersetzung mit Aristoteles' Katharsislehre entwickelt und die Gleichberechtigung des bürgerlichen Dramas mit der »ordentlichen« Tragödie erweisen soll. All die verschiedenen Wirkungsvariablen der Emotion werden jedoch fundiert in der grundsätzlichen Fähigkeit des Menschen zum Leiden, der eigentlichen Basis aller tragischen Vorgänge. Und dieses menschliche Leiden, so wird kontinuierlich wiederholt, sei kein Privileg der höheren, sondern kennzeichne die Angehörigen aller Stände, weswegen die Gattung des Tragischen auch nicht bestimmten sozialen Gruppierungen vorbehalten bleiben dürfe. Als ein Wesen, das des Leidens fähig sei, qualifiziere sich der Mensch als Mensch. Der Appell an die sich im Leiden manifestierende Menschlichkeit sowie die Darstellung des leidenden Menschen sei darum als die tragende Basis des Tragischen zu betrachten, gelte darum für alle Formen der Tragödie, insbesondere auch für das bürgerliche Trauerspiel. Auch die heroische Tragödie habe im Grunde immer diese Menschlichkeit thematisiert, denn – wie wiederum Lessing für viele verbindlich formuliert – »... wenn wir mit Königen Mitleiden haben, so haben wir es mit ihnen als mit Menschen, und nicht als mit Königen« [54]. Menschlichkeit wird so zur zentralen Kategorie des bürgerlichen Trauerspiels. Es soll »uns Blicke ins menschliche Herz tun lassen«, konstatiert Schmid [55], »menschlich« hat das Schauspiel nach Johann Friedrich Schink zu sein [56], Herder will »in den uns näheren Ständen und Verhältnißen *Menschen* sehen« [57], die »Tränen des Mitleids, und der sich fühlenden Menschlichkeit« sind nach Lessing die Absicht des Trauerspiels [58].

Die Äußerungsform der Menschlichkeit als Fähigkeit des Leidens und Mitleidens erklärt wenigstens zum Teil die auffallende Passivität der Helden in den bürgerlichen Trauerspielen. Leidensfähigkeit als konkrete Aktualisierung von Menschlichkeit, die wiederum den gehaltlichen Mittelpunkt darstellt, zwingt dem Drama gewollt oder ungewollt eine Handlungsstruktur auf, in der die Protagonisten duldende und im Prinzip inaktive, zur Unterwerfung neigende Haltungen einnehmen müssen.

Doch das Konzept der Tragödie, die Menschlichkeit in der Form des Leidens darstellt und sich an die Menschlichkeit mittels des Mitleids wendet, umschließt zugleich auch gesellschaftliche Überzeugungen, Erwartungen und Forderungen. Auch darin ist noch die Nachwirkung etwa Gottschedischer Auffassungen erkennbar. Doch nun mit der weitreichenden Differenzierung, nach der Emotionalität, konzentriert im Affekt des Mitleids, nicht mehr Mittel der Belehrung bleibt, sondern zum Zweck von Drama und Theater überhaupt erklärt wird. Mitleidvermögen, man ist versucht zu sagen, praktiziertes Mitleid, garantiert als Anwendung höchster humaner Qualität auch menschliches Sozialverhalten, verspricht eine allgemeine Humanisierung der Gesellschaft und ihrer Umgangsformen. Mit Lessing kann man darum definieren: »*Der mitleidigste Mensch ist der beste Mensch,* zu allen gesellschaftlichen Tugenden, zu allen Arten der Großmuth der aufgelegteste« [59].

In der direkten Verbindung, die über das bürgerliche Trauerspiel wenigstens in der Theorie zwischen Mitleidskonzept und gesellschaftlichen Verhaltensweisen hergestellt werden soll, liegt die eigentliche sozialgeschichtliche wie literaturgeschichtliche Bedeutung der Konzeption der neuen Gattung. Sie zeigt, daß es Lessing und seinen Mitstreitern nicht nur um ein ästhetisches Programm geht, sondern zugleich um soziale Verpflichtungen und Verantwortungen. Sie zeigt überdies nahezu direkte Verbindungen zur nichtliterarischen Realität, die in diesem Konzept aufgerufen und der mit ethischen Appellen begegnet wird. In der zur gesellschaftlichen Maxime umgeformten Mitleidtheorie reagiert man auf die abhängige soziale Situation des Bürgers ebenso wie auf die anhaltende protestantisch-christliche Glaubens- und Handlungtradition. Gleichzeitig wird beides in einen nicht nur duldenden Sozialentwurf verwandelt. Wie weit der theoretische Vorgriff, gerade auch in sozialkritischer Hinsicht, reichen kann, beweist Christian Garve, der nicht nur von der »natürlichen Gleichheit« zwischen Königen und Untertanen spricht, sondern der bereits 1771 das Verhältnis zwischen heroischem und bürgerlichem Trauerspiel kurzerhand umkehrt: »Auch die Könige müssen erst wieder Menschen werden wie wir, wenn sie uns durch ihre Schicksale rühren sollen« [60].

Verglichen mit der Bedeutung der Sozialfunktion, die durch die tragische Handlung ausgelöst werden soll, verblassen die übrigen Problemkomplexe, die zur Begründung des neuen Dramas immer wieder diskutiert werden. Das gilt auch für die unendlich oft angeführte These, nach der die Wirkung des Trauerspiels nur dann gewährleistet sei, wenn eine Art psychologischer Gleichheit zwischen Dramengestalt und Zuschauer gegeben sei, eine Ähnlichkeit in psychischer Hinsicht und situativer Konstellation. Nur unter solchen Bedingungen kann zum Beispiel Pfeil »unsere Unglücksfälle« in der Handlung wiedererkennen, sei die Voraussetzung geschaffen, um zu sagen: »Wir bedauern in den unglücklichen Personen oft uns selbst« [61]. Nur unter der Bedingung einer sehr direkten Identifizierungsmöglichkeit meint Schmid auf der Bühne einen »Lebenslauf« erkennen zu können, »von dem man nicht wissen kann, ob er nicht noch einmal der unsrige wird« [62]. Wiederum ist es Lessing, der auch diesen Aspekt in eine einprägsame Formel faßt: der Held des Mitleid erregenden tragischen Spiels müsse »mit uns von gleichem Schrot und Korn« sein [63]. Für eine Reihe von Autoren (Pfeil, Schmid u.a.) ergibt sich aus dieser Gleichheit zwischen Theatergestalt und Theaterbesucher die Folgerung, das bürgerliche Trauerspiel habe ein ständisch exakt umrissenes Spiel zu sein, das man genau von der Welt des Hofes wie vom niederen Leben des »Pöbels« abzugrenzen habe.

Tatsächlich jedoch sind mit der zentralen Kategorie der sich im Leiden und Mitleiden ihrer selbst gewiß werdenden Menschlichkeit Standesgrenzen wie -abgrenzungen des bürgerlichen Trauerspiels bereits irrelevant geworden. Auch wenn dabei berücksichtigt werden muß, daß diese Menschlichkeit die historisch und sozial determinierten Züge bürgerlichen Denkens aus der Mitte des 18. Jahrhunderts trägt. Diese Menschlichkeit ist identisch mit den Vorstellungen einer spezifischen Schicht in einer spezifischen historisch-gesellschaftlichen Situation. Doch verringert das ihren grundsätzlichen und auch politische Dimensionen einschließenden Anspruch nicht. Er durchbricht in jedem Falle die möglichen ständischen Grenzen des bürgerlichen Trauerspiels. Das Mitleid, das dem König als Menschen gilt, gilt auch dem Kaufmann als Menschen. Noch abgesehen davon, daß die erschienenen bürgerlichen Trauerspiele ihr Personal meist nicht aus den engeren bürgerlichen Klassen rekrutieren, sondern aus Angehörigen des niederen Adels. Die Zielrichtung der Theorie des bürgerlichen Trauerspiels weist trotz aller primären Orientierung am Emanzipationswillen des entstehenden Bürgertums über engere ständische Beschränkungen hinaus. »Auf dem Theater sollen wir nicht lernen, was dieser oder jener einzelne Mensch getan hat, sondern was ein jeder Mensch von einem gewissen Charakter unter gewissen gegebenen Umständen tun werde«, schreibt Lessing in der *Hamburgischen Dramaturgie* [64]. Der Wiener Politiker und Literat Josef Freiherr von Sonnenfels definiert 1768 in konsequenter Folgerichtigkeit gerade die heroische Tragödie als Ständedrama, »in dem *bürgerlichen* Trauerspiele, wie man es zu nennen pflegt, [dagegen] liegt der Anteil des *ganzen menschlichen* Geschlechts« [65]. Im Jahre 1800 wendet sich Christian Garve sogar aufgrund der in seinen Augen eingetretenen gesellschaftlichen Realität gegen alle Standesbestimmungen im Drama, weil »sich die untern Stände um vieles heraufgearbeitet« hätten, »da auch in der wirklichen Welt der Bürger eine edlere Sprache redet, und sich durch Verstand und feine Empfindung auszeichnet« [66].

Die Diskrepanz zwischen dem theoretischen Entwurf des bürgerlichen Trauerspiels und seiner praktischen Verwirklichung im literarischen Schaffen ist offenkundig. Sie artikuliert sich sowohl als literarische wie als soziale Diskrepanz. Der Entwurf des menschlichen Dramas enthält unter anderem überdies die Gefahr, sich in abstrakten, in ideal-utopischen Thesen zu verlieren. Die Dramen veranschaulichen das mehr als einmal. Die Verführung dazu ist um so größer, als gerade die gesellschaftlichen Postulate in der Wirklichkeit weit von aller Realisierung entfernt sind. So mutig und entschieden die Theorie eine Umfunktionierung der ehrwürdigen Gattung der Tragödie vorantreibt, so wenig vermag das dichterische Schaffen mit ihr Schritt zu halten. Trotz aller programmatischen Abwendung von der heroischen Tragödie, trotz aller formalen und inhaltlichen Erneuerung bleibt das konkrete Einzelwerk in seiner Struktur doch der übermächtigen literarischen und poetologischen Tradition verhaftet. Vor allem aber vermag das bürgerliche Trauerspiel die Vormachtstellung der heroischen Tragödie auf den Spielplänen nicht zu brechen. Der Theateralltag der 50er und 60er Jahre illustriert das in aller Deutlichkeit. Gemessen an ihm nehmen sich die Pläne eines unständischen, im Zeichen klassenübergreifender Humanität konzipierten bürgerlichen Dramas eher als Wirklichkeit verkennende Wunschbilder aus, die trotz aller Kraft des inneren Ethos nur geringen Einfluß auf die literarische Produktion haben.

Tradition und Traditionsveränderung

Die Erfahrung von Subjektivismus und Leiden im klassizistischen und im experimentellen Drama

Literaturgeschichtsschreibung und literaturgeschichtliche Forschung zur Dramatik aus der Mitte des 18. Jahrhunderts haben vor allem in den letzten Jahrzehnten ihren Hauptakzent auf Begründung, Entstehung und Entwicklung des bürgerlichen Trauerspiels gelegt, in der Absicht, auf diese Weise auch den Konstitutionsprozeß einer bürgerlichen Gesellschaftsschicht, die sich gerade auch in der öffentlichen Institution des Theaters beweisen will, hervorzuheben. Im Zentrum der Untersuchungen steht dann in der Regel das theoretische und dichterische Schaffen der überragenden Gestalt dieser Jahre, das Werk Gotthold Ephraim Lessings. So berechtigt es jedoch sein mag, in den Werken dieses Aufklärers die eigentlichen »Tendenzen des Zeitalters« zu erkennen, so eindeutig wird dadurch die Verzeichnung der literaturgeschichtlichen Wirklichkeit. Denn ihr werden vorwiegend an Lessing gewonnene Perspektiven und Urteile nicht gerecht. Die tatsächliche Situation von Drama und Theater in den zwanzig Jahren vor 1770 wird dadurch vielmehr in mehrfacher Hinsicht verzeichnet. Man überschätzt zum einen Einfluß und Stellung des fortschrittlichen bürgerlichen Trauerspiels. Es ist keineswegs diese Variation der Tragödie, die die Spielpläne beherrscht oder etwa den größten Anteil an der Tragödienproduktion liefert. Man übersieht zum anderen die Entwicklung und das gehaltliche Gewicht der vergleichsweise altmodischen heroischen Tragödien, von denen auch deutsche Autoren noch stets mehr publizieren als bürgerliche Trauerspiele. Die tragischen Theaterstücke eines Brawe, eines Cronegk, eines Weiße werden in den jüngsten Literaturgeschichten nicht einmal mehr genannt. Die einseitige Fixierung auf einige wenige bürgerliche Trauerspiele und ihre spezifische Ideologie verdunkelt überdies den Blick für die Entwicklungen im Drama, die in ungewöhnlichen, zum Teil sogar abseitig erscheinenden Formen und Inhalten stattfinden und die für die Geschichte des Dramas, gerade auch wenn man an die spätere Klassik denkt, nicht weniger entscheidend und einflußreich sind als etwa das bürgerliche Trauerspiel. Geht man davon aus, daß der sich auflehnende leidenschaftliche Subjektivismus des Sturm und Drang-Dramas in den Werken aus der Zeit vor 1770 »vorbereitet« wird, dann liegen seine deutschen Quellen nicht nur im bürgerlichen Trauerspiel, sondern ebenso in der heroischen Tragödie.

Die Jahrzehnte zwischen 1750 und 1770 sind gekennzeichnet durch eine Vielzahl sich überkreuzender, ausschließender und auch ergänzender Bewegungen und Strömungen, die eine Vielfalt dramatischer Formen hervorrufen. Weder formal noch inhaltlich noch gehaltlich gibt es irgendwelche dominierenden Leitbilder. Die Praxis der Theater ist ausschließlich von den Wünschen und Bedürfnissen des Publikums bestimmt, so daß auch dreißig Jahre nach Gottscheds erstem Reformversuch von einer »gereinigten Bühne« keine Rede sein kann. In den Spielplänen mischen sich die verschiedenartigsten Prinzipien und Zielvorstellungen. Dem ernsten, sittlich-aufklärerischen Willen steht das kaum zu befriedigende Amüsementsbedürfnis der Mehrheit der Theaterbesucher gegenüber, ohne daß das eine das andere unmöglich macht, so daß es nicht selten zu ad hoc-Kompromissen zwischen beiden kommt. Das religiös fundierte Schuldrama floriert neben der wiedererstarkenden Oper und der neuen Modegattung des Singspiels. Die Komödie feiert in allen nur denkbaren Variationen, die von der groben Harlekinade bis zum weinerlichen Lustspiel reichen, überall Triumphe. Komische und tragische Einakter, unter anderem mit biblischen und historischen Stoffen, konkurrieren mit Auftritten der Luftakrobaten. Inmitten dieser verwirrenden Vielfalt müssen sich die etablierte Gattung der hohen Tragödie und das bürgerliche Trauerspiel behaupten. Und in allen Gattungen und Formen ist der noch immer starke Einfluß der ausländischen, insbesondere der klassischen französischen Dramatik wirksam, der sich zum Teil neben, zum Teil in charakteristischen Verbindungen mit neuen Anschauungen und Zielen erhält. Im Laufe der 60er Jahre gesellt sich ihm der Einfluß Shakespeares zur Seite (Wielands Shakespeare-Übersetzung in Prosa erschien 1762−66).

Das deutsche Dramenschaffen steht generell fast vollständig im Schatten der Übersetzungen ausländischer Werke. Noch 1770 werden doppelt soviel Tragödienübersetzungen wie deutsche Originalwerke veröffentlicht. Und auch hier wieder überwiegt deutlich der Anteil der französischen haute tragédie. Zwischen 1730 und 1790 erscheinen von Racine rund vierzig Tragödienübersetzungen, von Corneille ungefähr fünfundzwanzig und von Voltaire nicht weniger als siebzig. Erst nach 1770 wird die Vormachtstellung dieser Autoren durch Shakespeare-Übertragungen gebrochen, dessen Werke außer in den Sammelübersetzungen von Wieland, von Eschenburg (1775−82) und von Schlegel-Tieck bis zum Ende des Jahrhunderts in mehr als fünfzig Einzelübersetzungen publiziert werden.

Im Gesamtbild dieser Situation von Drama und Theater nimmt das bürgerliche Trauerspiel als der eindeutigste und programmatischste Ausdruck der neuen Erfahrung von Wirklichkeit und Gesellschaft eher eine bescheidene Position, ja fast eine Sonderstellung ein. Doch will das nicht sagen, daß es das einzige Sprachrohr bildet, mit dessen Hilfe bürgerliche Denk- und Empfindungsformen zum Ausdruck kommen. Identifiziert man die Züge und Kennzeichen des bürgerlichen Selbstverständnisses nicht ausschließlich mit der Gattung des bürgerlichen Trauerspiels oder mit einer leicht erkennbaren Stoffwahl, die durch seine Ideologie inspiriert ist, sondern ist man bereit, etwa auch in der Modifizierung der Themen, der Problemkonstellationen in der heroischen Tragödie, vor allem in den Reaktionen ihrer dramatischen Figuren auf traditionelle Konflikte Züge einer Verbürgerlichung der Kunst zu entdecken, dann zeigt auch die heroische Tragödie nach 1750 eine bedeutsame Anzahl von neuen Motiven und Figurationen, die in dieselbe Richtung weisen wie das bürgerliche Trauerspiel als solches. Im großen und ganzen artikulieren sich die gewichtigen ideologischen und weltanschaulichen Themen und Auseinandersetzungen der Aufklärung nach 1750 in der heroischen Tragödie sogar unverhohlener als im bürgerlichen Trauerspiel. Das droht allerdings häufig − selbst für die geübten Augen der Literaturwissenschaftler − durch den hergebrachten Präsentationsduktus und die überlieferten Handlungsschemata verdeckt zu wer den. Und selbstverständlich gibt es zu planer Unzeitgemäßheit verflachte Formen der heroischen Tragödie, in denen nicht einmal das Niveau der schlechtesten Werke aus der »Deutschen Schaubühne« erreicht wird, in der verlogenes Pathos sich mit blutrünstigem Alexandrinergerassel zu leeren Spektakelstücken verbindet. Beispiele dafür finden sich nicht wenige, nicht nur unter denen des Gottsched-Schützlings Christoph Otto Freiherr von Schönaich (vier Tragödien unter dem Titel *Versuch in der tragischen Dichtkunst,* 1754), sondern vor allem unter den zahlreichen anonym veröffentlichten Werken, die jedes Jahr regelmäßig erscheinen.

Die widersprüchliche Entfaltung der bürgerlich-weltanschaulichen Auffassungen einschließlich ihrer möglichen sozialen Implikationen wird jedoch gerade in denjenigen Werken gut sichtbar, die auf den ersten Blick keine andere Qualität als die der Zweitrangigkeit zu besitzen scheinen. Sie veranschaulichen mitsamt ihren Unvollkommenheiten, auf welche Weise die Grundlagen und Ziele des bürgerlichen Trauerspiels noch während der Phase seiner Entstehung und Konsolidierung verändert, erweitert und auch überwunden werden. Die Leidensideologie, die in der Passivität des Vertrauens an eine im Irdischen zwar oft verdeckte, aber in Gott sicher verankerte gerechte Weltordnung glaubt, stößt außerhalb des bürgerlichen Trauerspiels auf Widerstand und Widerspruch. Die zunehmende Energie, die den Positionen der Subjektivität und der Individualität im Laufe kurzer Zeit zufließt, läßt sich immer weniger mit einer selbstlosen Eingliederung in Verhaltensweisen und Doktrinen vereinigen, die in einer philosophischen oder gar jenseitigen, auf jeden Fall beschwichtigenden Tugendmoral ihre Basis haben und dem Menschen Handlungsverbote auferlegen. Leidende Passivität als vorbildliches Humanitätsideal wird darum langsam von Ansätzen eines aktiven Handelns verdrängt, das sich notwendigerweise vom konzessionslosen Streben nach Schuldlosigkeit entfernen muß, ohne doch die Werte des Menschlichen aufgeben zu wollen. Dieser langsame Wandel ist eng verbunden mit dem wachsenden Zweifel an der Unfehlbarkeit des aufklärerischen Welterklärungsmodells.

Der Beginn dieser Entwicklung zeigt sich bereits Ende der 50er Jahre, in den beiden Tragödien von Johann Friedrich von Cronegk, *Codrus* (1758) und *Olint und Sophronia* (1760), beide erst nach dem Tode des früh verstorbenen Autors veröffentlicht, das zweite zudem unvollendet. Vor allem *Codrus,* mit dem Cronegk ein von Friedrich Nicolai veranstaltetes Preisausschreiben gewonnen hatte, ist ein überaus erfolgreiches Stück. Nur scheinbar wiederholt sich darin die gebräuchliche Tragödienstruktur in Verbindung mit dem historisch-mythologischen Stoff aus der griechischen Frühzeit, nur scheinbar auch erschöpft sich die dramatische Handlung in neuerlicher Ausfaltung des alten Konflikts zwischen Liebe und Ehre, zwischen Verpflichtung dem Vaterland gegenüber und der Verwirklichung persönlicher Wünsche. Nicht die staatspolitische Intrige, die schließlich zum Opfertod des Königs führt, ebensowenig die sich zum Teil noch in überlieferter Pose äußernde Todesbereitschaft fast aller Hauptgestalten verleihen dem Drama literarhistorisch wichtige Züge. Diese liegen vielmehr in dem von den Hauptgestalten unternommenen (vergeblichen) Versuch, eine Art Ausgleich zwischen berechtigter individueller Liebe und allgemein-notwendiger Unterwerfung unter die Forderungen des Staates herzustellen, zwischen Besonderem und Generellem, zwischen Verzicht und Anspruch. Cronegk gelingt eine Konfliktgestaltung, in der die Schlüsselwerte »Herz« und »Vaterland« in Gegensatzstellung geraten, obwohl sie als gleichberechtigte Werte erscheinen und dasselbe Ethos repräsentieren. Diese im Handlungsgeschehen angelegte Tendenz findet im Schluß ihre Vollendung, der eine neue Sichtweise auf Staat und Religion in sprechender Verschränkung mit der selbstsicheren Einschätzung des Individuums erkennen läßt. Medon schlägt die ihm vom sterbenden König Codrus angetragene Königskrone aus: die Götter sollten selbst die Herrschaft übernehmen, das befreite Athen keinen neuen irdischen König erhalten:

> Nein! Niemand ist es werth, daß er nach dir regieret.
> Die Götter, deren Macht dieß alles ausgeführet,
> Sind es alleine werth. Die mögen nun allein
> Mit ungetheilter Macht Athens Beherrscher seyn!
> Die freygewordne Stadt soll keinen Herrn erkennen,
> Und welchen Namen kann man wohl nach Codrus nennen?
> Als Bürger von Athen bring ich mein Leben zu,
> (Er steht auf und giebt Philaiden die Hand)
> Beglückt durch deine Hand in ungestörter Ruh.
> Der Kronen prächt'ge Last mag sich, wer will, erwerben;
> Ich wünsche mir nichts mehr, – als einst, wie du, zu sterben. [67]

Die Tragödie endet auf diese Weise, weit entfernt vom pathetischen Stil der haute tragédie, beinahe im Stile des bürgerlichen Dramas. Sie endet vielsagend wie Lessings *Philotas* mit dem Rückzug ins Private. Das Leben, das die unerwartet wiedervereinigten Liebenden als »Bürger« in »ungestörter Ruh« genießen wollen, kontrastiert unversöhnlich mit den allerletzten Versen des Werks, in denen – wieder ganz in der Tradition der heroischen Tragödie – der mutige Opfertod des tugendhaften Codrus gepriesen wird.

Das Gewand der heroischen Alexandrinertragödie ist auch in Cronegks zweitem Trauerspiel äußerlich unverändert; sogar der aus der besten Barocktradition des christlichen Märtyrerspiels stammende Chor findet sich in diesem Drama, dessen Thema der Konflikt zwischen Liebe und Religion ist. Das Werk wird 1767 zur Eröffnung des Hamburger Nationaltheaters aufgeführt und von Lessing in der *Hamburgischen Dramaturgie* gnadenlos kritisiert, nicht nur wegen seiner mangelnden dichterischen Qualität, sondern vor allem wegen seiner Zugehörigkeit zur Gattung des christlichen Trauerspiels. Doch fragt es sich, ob Lessings Kritik, trotz aller Berechtigung im einzelnen, mit ihrem Vorwurf der »stillen Gelassenheit« und der »unveränderlichen Sanftmut« des Märtyrers, die angeblich »mit dem ganzen Geschäfte der Tragödie« nicht vereinbar seien [68], nicht übersieht, wie Cronegk, trotz aller Anleihen an die Tradition der Gattung, die Ausarbeitung des duldenden Leidens gerade in die Richtung einer Passivität gelenkt hat, die manche Ähnlichkeit mit der des bürgerlichen Trauerspiels zeigt. Charakteristisch für beide Tragödien von Cronegk ist es, daß die Rolle der bösen Intriganten auf ein Mindestmaß reduziert ist. Das innere Durchleben der Konflikte tritt so eindeutig in den Vordergrund. Die Anlage der Handlung in *Olint und Sophronia* schließt sogar ein untragisches Ende nicht aus, das außerdem in der Quelle (Tassos *Befreites Jerusalem*) vorgegeben ist (der von Anton von Roschmann für die Hamburger Aufführung verfaßte 5. Akt, in dem die beiden Titelhelden den Tod finden, entspricht in dieser Form jedenfalls kaum den Intentionen Cronegks). Schon der *Codrus* hatte bewiesen, daß die wortreich vorgebrachte Todesbereitschaft der Gestalten nicht notwendigerweise den Tod nach sich ziehen muß. Cronegks Dramen lassen sich ohne Anstrengung als Versuche deuten, das Leidens- und Todespathos der heroischen Tragödie in ein aktiv wirkendes Dulden zu transformieren, das fähig macht, Konflikte untragisch zu lösen und die Umwelt positiv zu verändern. Die Werke rücken damit in unmittelbare Nähe des bürgerlichen Trauerspiels, dessen charakteristische unproduktive Passivität sie gleichzeitig umgehen.

Zeigen Cronegks Tragödien eine unübersehbare Durchlässigkeit für die Gedankenwelt des bürgerlichen Trauerspiels samt seiner sozial verstandenen Leidensideologie, in einer Reihe von Dramen, die den Titel »Bürgerliches Trauerspiel« tragen, gibt es umgekehrte Konstruktionen. In ihnen werden heroische Geschehniskonstellationen und Charaktere mit den für sie typischen Konflikten in ein pseudobürgerliches Milieu versetzt, dessen Unechtheit häufig nur notdürftig durch exotische Handlungsräume verdeckt werden kann. Bereits die gelegentlich als erstes deutsches bürgerliches Trauerspiel bezeichnete dreiaktige Prosatragödie des Schauspielers Christian Leberecht Martini, *Rhynsolt und Sapphira*, aus dem Jahre 1755 kennzeichnet eine unausgeglichene Struktur. Die durch Intrigen und verbrecherische Machenschaften von Bösewichten ihre Impulse erhaltende Handlung, in der eine ehrbare Kaufmannsfrau ihre Tugend gegen die Nachstellungen eines Höflings verteidigen muß, verbleibt trotz des vordergründigen Standesgegensatzes in den Bahnen des altbekannten Tugend-Laster-Konflikts – auch wenn die Gestalt des Rhynsolt in manchem an J. E. Schlegels Ulfo erinnern mag oder die ausführlichen Klagen des tugendhaften Karl von Burgund über die machtlose Abhängigkeit der Fürsten von den unguten Aktivitäten ihrer Höflinge auf den Schluß der *Emilia Galotti* vorausweisen. – Kann die Unentschiedenheit der Konzeption bei Martini möglicherweise aus der Entstehungszeit erklärt werden, anders liegt es zum Beispiel bei Karl Theodor Breithaupts *Regenat* (1759), einer Verstragödie im Stile des christlichen Trauerspiels (das Stück spielt in der Türkei), welcher der Titel eines bürgerlichen Trauerspiels zu Unrecht beigegeben ist. Hier werden gängiger Stoff und verbrauchte Motive, die eine von Verwechslungen und Intrigen getragene Handlung konturieren, durch den Anschluß an die Tränenseligkeit des bürgerlichen Dramas und durch äußerliche Nachbildungen der inzwischen berühmt gewordenen Gestalten aus Lessings *Miß Sara Sampson* aufgewertet, vermutlich ausschließlich zum Zwecke, Erfolg auf dem Theater zu erringen.

Einen exotischen Schauplatz kennt auch das in Amerika spielende bürgerliche Trauerspiel *Miß Fanny, oder der Schiffbruch* (1766) von Johann Christian Brandes. Und dieser Schauplatz ist letztlich das einzige Kennzeichen für den »bürgerlichen« Status des Dramas. Denn die Handlung wiederholt bekannte Strukturen des heroischen Dramas mit seinen historisch-politischen Figuren. Die Schiffbrüchige Fanny wird mit ihrem Liebhaber Nelson auf eine exotische Insel verschlagen, die von dem herrschsüchtigen William Siward regiert wird, der die tugendhafte Fanny unter konkreter Todesandrohung in seinen Besitz bringen will. Am Ende stellt sich heraus, daß William und Fanny Geschwister sind. Die Entdeckung erfolgt jedoch zu spät: der Bruder tötet die Schwester und wird seinerseits von Nelson erstochen. Solche zu spät erkannten Verwandtschaftsbeziehungen, die aufgrund mangelnder Aufrichtigkeit eigentlich tugendhafter Väter (in diesem Falle John Siwards) zu spät aus der Vergangenheit hervorgeholt werden, rücken das Werk zwar scheinbar in die Nähe der bürgerlichen Trauerspiele von Lessing und Pfeil, doch kann auch diese Nähe nicht darüberhinwegtäuschen, daß dies Drama im Wesen nicht mehr als eine in eine fremde Umgebung versetzte historische Tragödie ist, in der die Exotik an die Stelle des Historisch-Politischen getreten ist. – Das unkluge Handeln eines Vaters spielt auch in einem anderen bürgerlichen Trauerspiel eine zentrale Rolle, in *Julie* (1767) von Helferich Peter Sturz. Bis zu welchem Grade das Ethos des bürgerlichen Trauerspiels trotz der Beibehaltung des Titels in den 60er

Jahren aufgegeben und umfunktioniert wurde, veranschaulicht dieses Werk in aller Deutlichkeit. Sturz verflicht in seinem Stück komische, aus der Tradition der commedia dell'arte und der Typenkomödie übernommene Figuren mit der tragischen Handlung, läßt sie sogar die äußere Ursache der Schlußkatastrophe werden, die die Titelheldin in den Wahnsinn führt.

Doch es wäre falsch, in Werken wie *Der Renegat, Fanny* oder *Julie* ausschließlich Verfalls- oder mißglückte Nebenprodukte der Gattung des bürgerlichen Trauerspiels zu sehen. Trotz aller dichterischen Schwächen, trotz der eingreifenden Verfremdungen und Verunstaltungen der charakteristischen Gattungsmerkmale, trotz aller theatralischen Effektsuche zeugen auch diese Werke wenigstens indirekt von dem stärker werdenden Bestreben, die Passivität der tugendhaft Handelnden zu überwinden. Weil sie sich zum Beispiel in ungewohnten, provozierenden Milieus behaupten müssen, wird von den Gestalten entschlossenere Aktivität als in der Lebenssphäre der beschützten Häuslichkeit verlangt. Wiederum wenigstens indirekt belegen auch diese Werke den überall in der Literatur jetzt entstehenden Zweifel an den allgemeinen ideologischen Rahmenbedingungen der Aufklärung. Die Familie als unkritisierbare Wertwelt wird in diesen Dramen in Frage gestellt, die Autorität und die Glaubwürdigkeit der Väter erscheint als brüchig, die Unterwerfung unter die Gesetze der »Vorsehung« als stets schwieriger, der Freitod dagegen immer häufiger als legitimer Ausweg. Weil das ehedem fraglose Verhältnis zwischen Fehltritt und Strafe, zwischen Schuld und Sühne problematisch wird, wird auch die gebräuchliche Schlußgebärde, zu der ein die tragischen Situationen durchbrechender, hoffnungsbewußter Verweis auf die ewige Gerechtigkeit gehört, immer fragwürdiger, ja wird nicht selten ganz weggelassen. Gerade weil die Dramen von Breithaupt, Brandes und Sturz intentional die Verbindung zum bürgerlichen Trauerspiel nicht aufgeben, werden auch sie zu Belegen der sich langsam vollziehenden Lösung von den gebieterischen Maximen der Aufklärung über die Ordnung der Welt.

Die Erfahrung, daß die Welt doch vielleicht nicht so »wohleingerichtet« sein könnte, wie es die beste aller möglichen Welten zu sein hätte, äußert sich in den Dramen zunächst unauffällig, wird in der Regel fast übertönt von den schrillen Tönen der Handlungsvorgänge. Die vergleichsweise stille, kritische Selbst- und Wirklichkeitsprüfung bleibt häufig Andeutung, Fragment und nicht selten unbeholfen. Doch die Neigung, sich abzufinden, auch wenn man die Gelegenheit zum Handeln hätte, die nichtgewählte Aktivität, die man präferiert, weil die Wirklichkeit den Einsatz nicht mehr lohnt, sind beinahe überall anzutreffen und können als bedeutsame Veränderung des Modells des bürgerlichen Trauerspiels aufgefaßt werden, in dem Passivität durch das Vertrauen in die gute Weltordnung eingegeben wird. In manchen Dramen ist diese innere Konstitution der Personen, die in resignative Züge mündet, sogar zum eigentlichen Thema geworden.

Die Jahre zwischen 1750 und 1770 stellen sich dem Betrachter auch als eine Periode dramatischer Experimente dar, die sich im formalen wie im gehaltlichen Bereich vollziehen und von denen das bürgerliche Trauerspiel nur eines der Ergebnisse ist. Nicht weniger eingreifend und fruchtbar ist der Versuch, innere Vorgänge, vor allem durch Leiden und Unglück geprägte Entscheidungsprozesse, die zum Tode oder besser: zur Annahme des Todes führen, zu gestalten. Darin liegt eine deutliche Parallele zum bürgerlichen Trauerspiel. Doch anders als in diesem versucht man, die als Ausdruck von Menschlichkeit verstandenen Leidens- und Selbstopferungsprozesse als eigenständige und selbstwertige Vorgänge zu zeichnen. Der Einfluß des Bösen auf diese Vorgänge, der resignative Entscheidungen häufig zu unausweichlichen Entscheidungen werden läßt, wird deshalb zurückgedrängt oder fällt gänzlich weg. Mit ihm werden zugleich stoizistische Elemente ausgeschaltet und damit wiederum auch die heroische Geste der unerschrockenen Todesgelassenheit, die von der unbezweifelten Gewißheit einer sich auch im Sterben und darüber hinaus aktualisierenden Weltharmonie getragen wird. Die Entwicklung führt deutlich zur Entdeckung von Subjektivität und Individualität. Man erfährt sie in zunehmend stärkerem Maße als eigenständige Werte, die keineswegs selbstverständlich zugunsten allgemeiner Werte aufgegeben werden müssen, diese mögen religiöser, philosophischer oder sozialer Art sein. Und aus dieser Erfahrung erwächst langsam eine Dissonanz mit bestimmten Grundpostulaten der aufklärerischen Weltanschauung. Denn trotz aller Betonung von Freiheit und Menschlichkeit verpflichtet sie das Individuum zur grundsätzlichen Anerkennung von Idealen und Normen, in deren Rahmen Subjektivität und Individualität letztlich nur relative Größen bilden.

Es entstehen in der Folge Dramen, die bereits in ihrer formalen Anlage von etablierten Strukturen auffällig abweichen. Eines unter ihnen ist Wielands *Lady Johanna Gray, oder der Triumph der Religion* (1758). Obwohl das Werk als fünfaktiges »Trauerspiel« an die Tradition der heroischen Tragödie anschließt, zeigt es bereits äußerlich und in seiner Handlungsstruktur exemplarische Veränderungen. Es ist das erste deutsche Drama in Blankversen – dem Dramenvers Shakespeares und der deutschen Klassik. Bosheit und Bösewichte haben keinen ausschlaggebenden Einfluß auf die tragische Handlung, da der Bischof Gardiner als bloße Randfigur fungiert. Im Mittelpunkt des Geschehens steht die Titelheldin und ihre innere Entwicklung. Sie läßt sich überreden, Königin von England zu werden, obwohl sie sich dazu weder juristisch noch moralisch berechtigt fühlt. Wenn sich dann sehr bald ihre und ihrer Freunde Entscheidung – die aufrichtig zum Besten des Landes getroffen wurde – aufgrund einer Fehleinschätzung der politischen Lage als falsch und verhängnisvoll erweist, die am Ende von allen mit dem Tode bezahlt werden muß, wird der völlige Umschwung der Situation von Johanna denn auch als eine quasi logische und darum in jeder Hinsicht zu akzeptierende Entwicklung erfahren. Sie begreift sie beinahe als eine Erlösung aus den Verstrickungen des Lebens, denen der Mensch nicht entrinnen kann. Obwohl religiöse Motive keineswegs eine untergeordnete Rolle spielen, wird die traditionelle Struktur der Märtyrertragödie überführt in die Schilderung des Reifeprozesses eines Menschen zum Tode, der nicht die Glorifizierung des Opfertodes als seliger Erlösung wird, sondern als sinnvolle Vollendung eines gläubigen und zugleich kritischen Menschen erscheint. Diese innere und äußere Abkehr vom bewährten Märtyrerschema wird auch in den Schlußversen nicht grundsätzlich aufgehoben, in denen allerdings wiederum eine christlich-religiöse Sterbebereitschaft die Oberhand gewinnt. Das Werk korrigiert nochmals Lessings Polemik gegen das christliche Märtyrerspiel in der *Hamburgischen Dramaturgie* (auch die *Johanna* unterzog Lessing in den *Literaturbriefen* einer vernichtenden Kritik). Lessing übersieht die Möglichkeiten, die die Autoren mit dieser Gattung ausnutzen, um bestimmte zeitgenössische Erlebnis- und Erfahrungsrealitäten darzustellen, noch abgesehen davon, daß er die Verwandtschaft im Geiste übersieht, die wenigstens partiell zwischen Johanna Gray und seiner eigenen Sara Sampson besteht.

Bedient Wieland sich noch der Form der klassizistischen Tragödie, andere Autoren wenden sich mit vergleichbaren Absichten Kleinformen des Dramas zu, die gleichsam zu psychologischen Miniaturstudien werden. Beispiele sind die dreiaktigen Prosadramen *Der Tod Adams* (1757) von Klopstock und *Seneca* (1758) von Ewald von Kleist. Beides sind Werke, die fast ohne Fabel auskommen, so daß alles Licht auf die seelischen Vorgänge in den Hauptgestalten fällt. Thema von Klopstocks Drama ist Adams innere Entwicklung zur Annahme seiner Sterblichkeit und seines Todes, der nach neunhundert Jahren eintritt und der auf den Sündenfall zurückgeht. Adam stirbt in dem Bewußtsein, daß seine Sterblichkeit Fluch und Erlösung zugleich ist, er stirbt außerdem in dem Wissen, daß Gott selbst einst in Jesus Christus denselben Weg wie er gehen wird:

Denn Gott, der Mensch werden wird, die Hoffnung, die Wonne, der Retter des menschlichen Geschlechts hat sich meiner erbarmet! Sag ihnen: Ohne ihn, der kommen wird, wär ich den Schrecken meines Todes ganz unterlegen! wär ich vor Gott vergangen! [69]

In Kleists Kurzdrama wird der Tod der Titelgestalt als milde, fast melancholische Einwilligung in die Erfüllung eines sich vollendenden Lebens dargestellt, wobei alle möglichen stoizistischen Reminiszenzen ausgeblendet bleiben, die gerade die Gestalt des Seneca hätte aufrufen können. Die Stimmung gelassener und versöhnter Übereinstimmung zwischen Leben und Tod wird effektvoll mit dem pathetischen Selbstmord von Senecas Gemahlin Pompeja kontrastiert.

Derartige Ausgestaltungen menschlicher Bewußtseins- und Seelenprozesse, die die äußere dramatische Handlungskonstellation in eine innere, eine psychische Disposition umsetzen, sind nicht zuletzt Ausdruck des Bemühens, das wachsende Erlebnis von Subjektivität und Individualität in Sprache zu fassen. Wielands und Klopstocks Dramen sind darum auch als Exerzitien sprachlicher Gestaltung psychischer Zustände und Empfindungen zu sehen. Im Drama artikulieren sich auf diese Weise ähnliche Erfahrungen wie im gleichzeitigen Roman. In gewissem Sinne gehört auch Lessings Einakter *Philotas* (1759) in diesen Zusammenhang, obwohl das Werk von den Zeitgenossen – aber auch noch lange nach ihnen – als Hymnus auf den freiwilligen Heldentod für das Vaterland grundsätzlich mißverstanden wird. Doch auch in diesem Werk geht es um den inneren Entscheidungsweg eines jugendlichen Helden, der zum Selbstmord führt. Hier allerdings handelt es sich um einen forcierten und objektiv falschen Weg, der als solcher entlarvt werden soll. Wenn man so will, eine kritische Gegenstudie zu Wieland und Klopstock.

Daß der *Philotas* von den Zeitgenossen mißverstanden wird, kann man unter anderem den Auswirkungen des Siebenjährigen Krieges zuschreiben. Er führt vor allem in Preußen zu einer Flut patriotischer Schriften und Gedichte, die der Verherrlichung des Krieges und dem panegyrischen Lob auf Friedrich II. dienen. Im Kontext solcher Werke liegt es besonders in Preußen nahe, Lessings Drama als Hohelied auf den Tod für das Vaterland zu feiern, zumal die Titelgestalt von ferne an das Schicksal des Lessingfreundes Ewald von Kleist erinnert, der 1759 als preußischer Offizier an den Folgen seiner Verwundungen in der Schlacht bei Kunersdorf gestorben war.

Sieht man von den enthusiastischen Gedichten von Gleim, Rabener oder Kleist ab, hat der Siebenjährige Krieg in der deutschen Literatur des 18. Jahrhunderts wenig direkte Spuren hinterlassen. Und seine indirekte Wirkung ist nur schwer zu fassen. Als faktisches Ereignis, das als solches den Gesetzen der Vernunft und den Postulaten der gemeinnützigen Aufklärung widerspricht, kann der Krieg jedoch die schon vor seinem Ausbruch einsetzenden Zweifel an der vernünftigen »Vorsicht« verstärkt haben, die auch in den Dramen allenthalben anzutreffen sind. Jedenfalls werden in den 60er Jahren die Belege stets zahlreicher, die Vorbehalte und Skepsis gegenüber einer a priori sinnvollen Weltordnung anzeigen. Selbst Joachim Wilhelm von Brawes Alexandrinertragödie *Brutus* (1757/58 entstanden, jedoch erst 1768 veröffentlicht), die in ihrer gehaltlichen Konzeption noch der Gottschedtradition folgt, weist in diese Richtung. Brutus selbst nimmt zwar den Tod als gerechte Sühne für seinen Mord an Cäsar an, bestätigt damit nochmals auch eine im Wesen gerechte Weltordnung, doch die Verse am Ende des Dramas sind mit dieser gleichsam optimistischen Weltsicht kaum noch in Einklang zu bringen, zumal ihnen keine Korrektur oder Relativierung folgt, sie buchstäblich das letzte Wort sind. In ihnen prophezeit der Sohn des Brutus, der unwissend zum Mörder seines Vaters wurde, dem Sieger Antonius und Rom nicht nur eine Zukunft des Chaos und des Unheils, sondern seine Worte, die seinen Selbstmord einleiten, überschreiten auch entschieden das Maß an Reue und Zerknirschung, das der sühnende Bösewicht oder der irregeleitete labile Held in der Tragödie einzuhalten pflegt:

> Erde, flieh! Des Todes Scen'
> Und mein Gericht enthüllt sich. – Heil dir, Graun!
> Sitz der Verzweiflung, Heil! Qualvoll bist du
> Mein würd'ger Aufenthalt. – Stärkt euren Zorn,
> Ihr Flammen! und vernichtet mich! Du denkst
> Noch, Seele? dir, Gedank'! Empfindung, dir
> Fluch ich! vergeh! – Weg, sträubend Leben! nimm
> Mich, Abgrund! Erde! sei von mir befreit! [70]

Ähnliche Gedanken und Standpunkte, wenn auch weniger radikal und nun vor allem ohne das letzte Wort zu sein, finden sich in dem einzigen Drama aus dieser Zeit, das eine direkte Verbindung mit dem Siebenjährigen Krieg zeigt und überdies das einzige ist, das als dichterisches Werk seine Epoche überlebt hat, in Lessings *Minna von Barnhelm* (1767). Lessings Lustspiel ist das einzige Drama, das aktuelle Gegenwart nicht in distanzierender Fabeleinkleidung verbirgt. Der verarmte und unehrenhaft aus dem preußischen Heer entlassene Major von Tellheim ist eine durchaus realistische Gestalt, der man gewissermaßen auch außerhalb des Theaters begegnen kann. Die Spitzeltätigkeit der Berliner Wirte ist durch vielerlei Zeugnisse belegt. Und die Spannung zwischen Preußen und Sachsen, von der sich die Liebesbeziehung zwischen dem ehemaligen preußischen Offizier und dem sächsischen Landedelfräulein von Barnhelm als Kontrast abhebt, ist eine nur allzu wirkliche. Es ist unendlich oft festgestellt worden, daß sich aus den Handlungsgegebenheiten dieses Lustspiels ohne Schwierigkeit eine Tragödie hätte entwickeln lassen, ja daß die potentielle Tragödie eigentlich nur durch einen deus ex machina-Schluß im letzten Moment vermieden worden sei. Auch wenn diese Interpretation dem Stück nicht gerecht wird – das Geschehen ist fest im Komödienrahmen verankert, schon vor Beginn der Bühnenhandlung steht der gute Ausgang fest –, daß in dieser Komödie hinter allen Wortspielen, vor allem hinter Minnas unerschütterlichem Glauben an »Vorsicht« und »Vernunft«, den der Ausgang des Spiels auch völlig zu bestätigen scheint, dennoch in der Gestalt Tellheims, in seinen Worten, Reaktionen und seinen Erfahrungen mindestens die nicht nur theoretische Möglichkeit des Zusammenbruchs des harmonischen Weltgefüges auftaucht, kann keine Frage sein. Das Spiel vollendet sich in der faktisch ungefährdeten Sicherheit der Komödie, doch in unmittelbarer Nähe zu den Gefahren des Tragischen, und der zentrale Konflikt ist nicht mehr allein mit den Mitteln der Vernunft und der Tugend zu überwinden, sondern bedarf der Lösung von außen. Auch der versöhnliche Schluß kann den im Stück sichtbar werdenden Bruch zwischen schmerzlicher individueller Wirklichkeitserfahrung und dem allgemeinen Prinzip des heilenden Vernunftglaubens nicht mehr ungeschehen machen.

In *Minna von Barnhelm* dringt das Erlebnis von Leid und Enttäuschung als lebensbestimmende Kraft bis in das Zentrum der Komödie vor und profiliert Handlung und Stimmung des Werkes in demselben Maße wie die in Minna verkörperte unbeirrbare Zuversicht und vertrauensvolle Heiterkeit. Die gegensätzlichen Haltungen sind auf die zwei Gegenspieler verteilt und ihr Zusammenstoß endet mit dem Sieg der optimistischen Überzeugung von der guten Welteinrichtung, womit zugleich wenigstens formal auch die Geltung dieser Weltsicht wiederhergestellt ist. In den Tragödien wird demgegenüber die Gegenüberstellung der auseinanderklaffenden Standpunkte mit Hilfe von zwei repräsentativen Dramenfiguren immer seltener als dramaturgischer Kunstgriff angewendet. Der Konflikt wird vielmehr immer öfter ein Konflikt, dem sich der Mensch als Individuum ausgesetzt sieht und der kaum mehr so eindeutig wie in Lessings Lustspiel gelöst wird. Dadurch wird auch äußerlich der Haltung des Zweifels am aufklärerischen Welterklärungsmodell das Merkmal bloß solipsistischer Abweichung genommen. Die Unangepaßtheit der negativen Dramenfiguren wird auf diese Weise für die Gestaltung der positiven Figuren nutzbar gemacht. Bei ihnen zeigt sich denn auch eine immer geringer werdende Neigung, die Unvollkommenheit der Welt und Gesellschaft im persönlichen Leiden zu akzeptieren und in einer zur Passivität verpflichtenden Haltung zu sublimieren, was am Ende nur den Weg in Resignation und Abfindung offen läßt. Zwar enden die Dramen in der Regel nach wie vor mit der Unterwerfung unter die Gesetze der »Vorsehung«, die der Garant der Tugend bleibt und zugleich ein Versprechen auf ein besseres Jenseits einschließt, aber die Versuchung, sich nicht mehr abzufinden, sich aufzulehnen und die humane Passivität hinter sich zu lassen, wird immer mühevoller unterdrückt.

Wenn das Theater derartige Entwicklungen stets nachdrücklicher zur Darstellung bringt, dann liegt es nahe anzunehmen, daß darin nichtliterarische Grunderfahrungen zum Ausdruck gelangen, die ihre Realität in der erstarkenden Überzeugung haben, daß die bürgerliche Menschlichkeit sich nicht unter allen Umständen mit passivem Vertrauen in Gott und Vernunft, in die irgendwann einmal obsiegende Tugend abfinden müsse und dürfe. Allerdings wagen es die aufklärerischen Dramatiker nicht konsequent, das Prinzip der Auflehnung gegen die beschwichtigende Bürgerideologie zum konkreten Angelpunkt der Handlung zu machen. Man rettet sich im Notfall doch wieder in den Kunstgriff, das mögliche Aufbegehren an äußeren Widerständen scheitern zu lassen. Die immanente Kritik verbleibt dadurch häufig in indirekter und fast verhüllter Darstellung. So stattet man das ursprünglich als Manifestation humaner Würde und Größe definierte Leiden zum Beispiel mit Zügen aus, die es der Funktion einer nur erhebenden Wirkung berauben.

Dieser Prozeß kulminiert exemplarisch in Heinrich Wilhelm von Gerstenbergs *Ugolino* (1768). Die Prosatragödie setzt, so könnte man sagen, den mit Klopstocks *Tod Adams,* Kleists *Seneca* und Wielands *Johanna Gray* eingeschlagenen Weg fort. Eine eigentliche dramatische Fabel fehlt auch hier, so daß sich das Geschehen fast ausschließlich auf die sich in den Personen vollziehenden Vorgänge konzentriert. Schauplatz der fünf Akte ist ein Turm, in den Ugolino mit seinen drei Söhnen von seinem Feind, dem Bischof von Pisa, eingekerkert und dazu verurteilt ist, Hungers zu sterben. Die Flucht des ältesten Sohnes bringt keine Erleichterung, da er vergiftet und zusammen mit dem Leichnam seiner ermordeten Mutter in den Turm zurückgebracht wird. In den durch Lyrismen ebenso wie durch von Shakespeare beeinflußte drastische Passagen charakterisierten Dialogen kommen die verschiedenen Reaktionen auf die aussichtslose Situation zur Sprache, die zusammen ein erschütterndes Kaleidoskop menschlicher Verzweiflung ergeben. Sie schwanken zwischen den Extremen der Hungerhalluzinationen und unbegründet aufflackernder Hoffnung, zwischen Verzweiflung und versuchter stoischer Gelassenheit, zwischen unkontrollierter Wut und gezügelter Überlegung, emotionaler Ausschweifung und besonnenen Vernunftvornehmen. Ohnmächtiges den-Kopf-gegen-die-Wand-Schlagen findet sich ebenso wie spontane Aggressivität gegen die eigenen Kinder, sogar Ansätze zum Kannibalismus kommen vor. Das alles verbindet sich zur Intensität eines Leidensdramas, wie sie bis dahin im deutschen Drama unbekannt war. Das Leiden der vier Gestalten ist nicht nur das einzige Thema, sondern wird dermaßen zugespitzt, daß es als Fluch, als Entwürdigung des Menschen erscheinen muß. Es wird zu einem in seiner Schmerzhaftigkeit und letztlichen Sinnlosigkeit unerträglichen Vorgang, von dem Befreiung nicht mehr ausgehen kann. Lessing stellt daher fest: »Mein Mitleid ist mir zur Last geworden: oder vielmehr, mein Mitleid hörte auf Mitleid zu seyn, und ward zu einer gänzlich schmerzhaften Empfindung« [71]. Er gerät dadurch beinahe in Widerspruch zu seinen theologischen Grundüberzeugungen und ist nahe daran, Gerstenberg zu empfehlen, das Werk mit dem Selbstmord des nach dem Tode seiner Familie allein zurückbleibenden Ugolino enden zu lassen. Gerstenberg jedoch entschließt sich zu einer anderen Lösung. Nach Momenten der Verzweiflung findet Ugolino doch – während aus dem Hintergrund eine klagende Musik erklingt – zurück zum Glauben an Gott und damit auch zur Annahme des unausweichlichen Hungertodes.

Angesichts der Gedanken- und Handlungsführung, angesichts der inneren Logik des Werkes kann man die Schlußwendung kaum anders denn als Konzession an die zeitgenössischen Glaubens- und Weltanschauungsdoktrinen sehen. Wie es sich damit auch verhalten mag, die Darstellung des Leidens in diesem Drama dementiert die humane Leidensinterpretation der 50er Jahre gründlich. Die ehemals heilende Passivität wird in quälende Hilflosigkeit verwandelt. Hier ist nichts mehr übrig geblieben von der Bereitheit, unschuldig-schuldig ein persönliches Leidensschicksal im Namen von Religion und Vernunft auszuhalten. Das Aufbegehren gegen das niederdrückende Schicksal scheitert lediglich an den äußeren Umständen der Gefangenschaft. Ungerechtigkeit wird nicht mehr mit der Autorität und Verheißung einer höheren Gerechtigkeit besänftigt, sondern gerät zum allgemeinen Vorwurf; der Selbstmord, der als die humanere Lösung erscheint, wird nur mit gewollter Anstrengung umgangen.

Mit Gerstenbergs *Ugolino* ist die dramatische wie die humane Ideologie des bürgerlichen Trauerspiels der 50er Jahre an ihr Ende gekommen. Die konsequente Zuspitzung des Leidensprinzips, die zur Entlarvung eines kreatürlichen Martyriums führt, macht, wie Lessings Reaktion bezeugt, den ästhetischen Genuß sowie das sozial ausgerichtete Mitleid unmöglich. Dieser Endpunkt einer Entwicklung wird in einer Tragödie erreicht, die dem heroischen Trauerspiel näher steht als dem bürgerlichen. Die heroische Tragödie hat das bürgerliche Trauerspiel gewissermaßen eingeholt und überholt. Von Gerstenbergs Drama ist daher eine direkte Linie etwa zu den Dramen Klingers zu ziehen, in denen die Helden sich mit bestehenden Zuständen und sie erklärenden Theorien nicht mehr zufrieden geben.

Gerstenbergs *Ugolino* gibt ohne Zweifel eine Extrempositon wieder. Doch in seiner inneren Zielrichtung ist das Drama kein Einzelfall. Das veranschaulicht auch das Oeuvre desjenigen Autors, dessen Werke nach 1760 die in Deutschland erfolgreichsten sind, das Oeuvre Christian Felix Weißes. Weiße, einer der vielseitigsten und produktivsten Theaterdichter des 18. Jahrhunderts überhaupt, veröffentlicht Werke in allen geläufigen Gattungen: Typenkomödien, weinerliche Lustspiele, heroische und bürgerliche Trauerspiele; schon Ende der 50er Jahre wendet er sich dem Singspiel zu, das nach 1770 den Hauptanteil seines dramatischen Schaffens bildet. In den letzten Jahrzehnten seines Lebens macht er sich einen großen Namen als Jugend- und Kinderschriftsteller, u.a. durch die Herausgabe der Zeitschrift *Kinderfreund* (24 Bde., 1775–82). Kennzeichnend für Weißes Talent ist nicht nur seine Fähigkeit, gerade in Mode Befindliches oder Kommendes sofort zu verarbeiten, sondern auch unter der Oberfläche Befindliches, implizite Entwicklungstendenzen zu erkennen, in seinen Werken aufzugreifen und vorsichtig wie geschickt zugleich auszufalten. Seine Dramen sind daher in doppelter Hinsicht repräsentativ für ihre Zeit. Tradition und Veränderung gehen in ihnen vielgestaltige Kombinationen ein. Trotz seiner Sensibilität für das Neue dringt Weiße jedoch nie zu radikalen Neuerungen vor; er bedient sich stets etablierter Formen, und seien sie noch so jung, um mit ihrer Hilfe jeweils einen Schritt voraus zu wagen. Sein Werk orientiert sich fest an den Wegmarken der Zeit und repräsentiert dennoch mehr als ihren Durchschnitt.

Auf dem Gebiet der Komödie fügt er sich zunächst mühelos in die Mode der satirischen Typenkomödie ein (*Die Poeten nach der Mode*, 1756), indem er bekannte Stoffe und Motive nach dem üblichen Schema dramatisiert. Auch hier gelingt es ihm jedoch, die engen charaktertypischen Figurenkonzeptionen zu durchbrechen, etwa in *Ehrlich währt am längsten, oder der Mißtrauische gegen sich selbst* (1761). Das öfter dargestellte Laster des Mißtrauens gegenüber anderen wird neugefaßt als mangelndes Selbstvertrauen, das am Ende zu einer ernsten Seelenkrankheit wird, die so an die Stelle der ehemals sozial-individuellen Anomalie tritt. Bereits hier bekundet sich Weißes Bestreben, Individualität nicht als schrullig-soziale Abweichung, sondern als Problem und Wert darzustellen. Die Praxis der Weißeschen Komödie stimmt in manchem durchaus mit Lessings Auffassungen über das Komische überein, nach denen das einfache Verlachen als Zielwirkung des Lustspiels verurteilt wird. Ähnlich verfährt Weiße im rührenden Lustspiel. Trotz äußerlicher Tribute an den modischen Exotismus (etwa in

Die Freundschaft auf Probe, 1767, einem Stück, dessen Handlung um die Liebe zu einem Indianermädchen kreist), gelingt es dem Autor auch hier, den Charaktertyp dem Charakter anzunähern. Dies aufgrund einer Personenkonzeption, die der konkreten Empfindung der Liebe mehr Gewicht und Aussagekraft beimißt als den abstrakten Verpflichtungen zur Tugend. Bei Weiße werden darum auch tugendhafte Mädchen verführbar und werden verführt (*Amalia,* 1765). Das rührende Lustspiel wird so beinahe unmerklich zum rührseligen Schauspiel, in das auch Elemente des bürgerlichen Trauerspiels eingehen.

Vergleichbare Entwicklungen lassen sich für Weißes Tragödien feststellen. Am Anfang stehen heroische Tragödien, *Eduard III., Richard III.* (1759), die völlig im Stile der traditionellen Strukturen verfaßt zu sein scheinen: Alexandriner, höfisch-historischer Stoff. Bei genauerem Hinsehen jedoch zeigt sich, daß bereits in diesen ersten Dramen eine kraftvolle Charaktergestaltung in den Vordergrund tritt, die alle weichliche Kompromißbereitschaft zugunsten von Tugend und Vernunft ausschließt. In diesen Werken gelingt dies nur mit Hilfe der traditionellen Konfiguration der Gegenüberstellung von guten und schlechten Charakteren. Demselben Muster folgt auch *Richard III.* Gleichzeitig wird jedoch das bekannte Muster variiert, indem einerseits der Böse mehr ist als der intrigante Schurke und andererseits die Annahme des Todes durch die Guten Züge trägt, die über die blasse rhetorische Gebärde der Zukunftsverheißung hinausreichen. Die unschuldigen Opfer wollen sich nicht ohne weiteres mit der Passivität abfinden, zu der sie durch die Umstände verurteilt werden. Ihre Todesbereitschaft wird so zu einer Art Notausweg, der als solcher ein Urteil über die Welt einschließt:

Der Tod befreit uns nur, willkommen sei er mir!
In einer Bessern Welt, wo keine Schwerter wüten,
Wo nicht Verräter drohn, nicht Wütriche gebieten,
Wo nicht ein Richard tobt, wohin er, der Tyrann,
Und wär' er Herr der Welt, niemals gelangen kann:
Da Mutter, welch ein Glück! da finden wir sie wieder,
der Krone Märtyrer, die Prinzen, meine Brüder! [72]

Noch deutlicher wird die abweichende Charakterkonzeption in der Titelgestalt sichtbar, die bis dahin kein Vorbild in der deutschen Geschichte des heroischen Trauerspiels kennt. Sie ist zweifellos durch Shakespeares gleichnamiges Drama beeinflußt, ohne daß Weiße den englischen Autor kopiert hat. Lessing, der Weißes Drama in der *Hamburgischen Dramaturgie* unbarmherzig angreift (der nur Böse könne die notwendige Wirkung der Tragödie nicht erreichen) [73], hat offensichtlich kein Auge für die Kraft, für den unbedingten Willen zur Subjektivität, die sich in dieser, in ihrer Einseitigkeit allerdings begrenzten Schreckensgestalt artikulieren. Richard ist böse, weil er böse sein will. Die nahezu metaphysisch begründete Bosheit steigert sich angesichts des drohenden Untergangs zu unbeherrschter Maßlosigkeit:

Verdammung! Raserei! Verzweiflung! Angst und Pein!
...
Noch einmal will ich mich mit allen Schrecken rüsten.
Wo ich verwüsten kann, da will ich auch verwüsten.
Es morde noch mein Dolch, wo er nur morden kann,
So lang der Arm sich regt, Freund, Feind und Untertan. [74]

In diesem Drama aus dem Jahre 1759 fallen die Worte: »Ich bin mir eine Welt und bleibe, was ich bin« [75]. Sie werden von der tugendhaften Elisabeth gesprochen und deuten damit die langsame Emanzipation auch der lichten Aufklärungsfiguren von den verpflichtenden Vernunft- und Religionsgesetzen an. Literaturgeschichtlich noch bedeutsamer aber ist, daß diese Worte auch von Richard gesprochen sein könnten.

Die üblichen äußeren Merkmale der heroischen Tragödie, Alexandriner und höfisch-historischer Stoff, bleiben auch in *Krispus* (1760) und *Rosemunde* (1761/63) gewahrt. In beiden Werken findet sich wiederum auch die Vormachtstellung der Bösen, nun weiblicher Hauptgestalten. In *Krispus* ist es die Gemahlin Konstantins des Großen, Fausta, die ihrer Liebe zu ihrem Stiefsohn Krispus mit allen Mitteln zum Erfolg verhelfen will; in *Rosemunde* schreckt die Langobardenkönigin vor keinem Mordanschlag zurück, der Hindernisse ihres politischen und persönlichen Wollens beseitigen kann. In beiden Dramen überträgt sich die kraftvolle Aktivität jedoch auch auf die Tugendgestalten. Diese werden dadurch so etwas wie programmatische Gegenfiguren zu den Tugendvertretern früherer heroischer Tragödien und vor allem des bürgerlichen Trauerspiels. Sie weigern sich bewußt, als Repräsentanten des Guten die Haltung des Abwartens einzunehmen, aus der heraus Untätigkeit schließlich – wenn auch symbolträchtig – zum Untergang wird. Der Freitod des unschuldigen Krispus ist daher nicht nur als mahnendes Opferfanal gemeint, sondern ausdrücklich als eine Tat, mit der das weltliche Geschehen in seiner Korruption und Lasterhaftigkeit decouvriert und sich selbst überlassen werden soll. In *Rosemunde* unternimmt die tugendhafte Tochter der Titelgestalt sogar konkrete Schritte, um den von der Mutter an ihrem Vater verübten Mord zu rächen: »Nein, der ist ein Barbar, der nicht von Rache glüht« [76]. Das Werk endet trotz allem mit einem beinahe versöhnlichen Schluß. Die Bösen sind untergegangen und die Tugendhaften können die Regierung übernehmen, nicht zuletzt, weil sie selbst die Handlungsinitiative ergriffen hatten.

Weißes Dramatik verzichtet nie auf grelle Effekte und rhetorischen Glanz, wobei die Qualität seiner Dichtungen keineswegs immer seinem Ehrgeiz entspricht. Gerade dadurch aber werden sie zu sprechenden literaturgeschichtlichen Dokumenten; denn trotz ihrer unleugbaren Unzulänglichkeiten formulieren sie offene und latente Auffassungen und Entwicklungen ihrer Zeit. Weiße besitzt ein sicheres Gespür für das Zeitgemäße, für das Modische, ohne doch bestimmte aufklärerische Positionen aufzugeben. In der Tragödie will er sich nicht abfinden mit einem sich nur im Leiden realisierenden Humanitätsideal und schon gar nicht mit der sich in Häuslichkeit bescheidenden menschlichen Zufriedenheit. So verteidigt er bestimmte Grundüberzeugungen der Frühaufklärung, ohne sich auf ihre historische Begrenztheit zu beschränken. Vielleicht ohne daß er sich dessen bewußt ist, werden seine Tragödien auf diese Weise zu Schnittpunkten gegenläufiger Entwicklungen. Das zeigt sich auch darin, daß er sein Tragödienpathos zu einem guten Teil Shakespeare verdankt, den er damit als einer der ersten in Deutschland wenigstens indirekt für das Theater nutzt. Er befolgt damit Lessings nachdrückliche Hinweise in den *Literaturbriefen* und in der *Hamburgischen Dramaturgie* auf den Vorbildcharakter des englischen Dramatikers für Deutschland. Lessing spielt dabei Shakespeare gegen die französischen klassizistischen Dramatiker aus. Und in eben diesem Zusammenhang wirft er Weißes Tragödien die »gewöhnliche Oekonomie der französischen Trauerspiele« [77] vor. Solche Kritik trifft vor allem die frühen Werke und die äußere Bauform der späteren. Was Lessing nicht sieht oder nicht sehen will, ist die Entfernung von dieser »gewöhnlichen Oekonomie«, die sich im Innern der Dramen, schließlich aber auch im Äußeren vollzieht. Dem Einfluß Shakespeares ist es sicherlich auch zuzuschreiben, wenn in *Die Befreiung von Theben* (1764) an die Stelle des Alexandriners der Blankvers getreten ist. Wichtiger aber noch ist die in Weiterführung des Früheren entwickelte Handlungskonzeption, die ihre Kraft und ihren Fortgang ausschließlich aus der Aktivität der Tugendhaften und Redlichen gewinnt. Die mutigen Bürger Thebens kommen gegen die Herrschaft der Spartaner über ihre Stadt in Aufstand. Unter Einsatz ihres Lebens und mit klug eingefädelten Anschlägen gelingt es ihnen, ihre Stadt von der Fremdherrschaft zu befreien. Der tragische Akzent kommt durch Leichtsinnigkeit und jugendlich-übereifrigen Patriotismus zustande. Die Rolle der bösen Gegenspieler ist völlig in den Hintergrund gedrängt.

Das Stück ist durchglüht von tatkräftigem Patriotismus und selbstloser

Vaterlandsliebe. Die Geschehnisse des Siebenjährigen Krieges, möglicherweise sogar der Gegensatz zwischen Sachsen und Preußen (Weiße lebte als Steuereinnehmer in Sachsen) mögen das Werk mit inspiriert haben. Wenn dem so sein sollte, dann hat auch Weiße in Übereinstimmung mit seinen Zeitgenossen nicht den Mut gefunden, zeitgenössische Erfahrungen, Wünsche und Sehnsüchte anders als in historischen Stoffen verkleidet auf die Bühne zu bringen. Doch daß er mit diesem Werk der tatkräftigen Bürgerselbsthilfe auch eine Art Nationaldrama hat schaffen wollen, ist kaum zu bezweifeln. Eine Aufführung dieses Werkes hätte dem Hamburger Nationaltheater darum nicht schlecht angestanden. Offenbar aber wurde dieses Drama nie gespielt.

Mehrfach aufgeführt wird hingegen *Atreus und Thyest* (1766), ein Werk, das in seiner Struktur und Charaktergestaltung an die frühen Dramen anschließt, wenngleich der Blankvers beibehalten wird. In den Persönlichkeiten der feindlichen Brüder stehen sich böse Charaktere gegenüber, die vor keiner Grausamkeit zurückschrecken beziehungsweise zurückgeschreckt sind. Auch die Tatsache, daß Thyest – im Gegensatz zu seinem Bruder – nichts mehr an Rache und Vergeltung gelegen ist, er vielmehr nur noch nach Ruhe und Einsamkeit verlangt, vermag die Düsterkeit der Geschehnisse, in denen Leidenschaft, Egoismus und hemmungsloser Drang zur Selbstverwirklichung vorherrschen, nicht aufzuhellen. Es ist ein Drama der egozentrischen Auflehnung gegen Schicksal, Gesellschaft, Moral, in die auch der Tugendhafte erbarmungslos verstrickt wird. Der sich aus dem Fluch über dem Atridengeschlecht herleitende Versuch starker Persönlichkeiten, sich gegenseitig zu vernichten, führt zu einer im Grunde sinnlosen Häufung von Greueln. Der, der am Ende überlebt und König wird, ist nicht derjenige, der als der Tugendhafte gelten könnte, sondern derjenige, der des Mordes und der Rache überdrüssig ist. Er wird König, weil kein anderer mehr da ist, der das Amt übernehmen könnte. Der Entfaltung einer optimistischen Welt- und Gottesordnung wird in diesem Stück kein Platz eingeräumt. In seiner dunklen und konsequenten Kompromißlosigkeit widerruft es alle vernünftige Aufklärungsideologie.

Doch ist dies nicht Weißes letztes Wort auf dem Gebiet der Tragödie. Ein Jahr nach *Atreus und Thyest* veröffentlicht er sein bürgerliches Trauerspiel *Romeo und Julie* (1767), mit dem er ein Gegenbild zu Shakespeares gleichnamigem Drama schaffen will. Die Prosatragödie wird zu seinem größten Erfolg. Trotz der anderen Gattung bestimmen auch in diesem Werk die pessimistischen Grundtöne aus den heroischen Tragödien den Gehalt. Obwohl in der ursprünglichen Schlußszene, die von den Theaterdirektoren meist weggestrichen wird, der Tod der Liebenden einen gewissen Sinn erhält (wie bei Shakespeare versöhnen sich die zerstrittenen Familien am Grabe ihrer Kinder), überwiegt im Stück selbst doch eindeutig eine Perspektive der Sinnlosigkeit. In metaphernreicher, zum Lyrismus neigender Sprache, besonders Romeos und Julies, wird ein Bild leidenschaftlicher junger Liebe entworfen, deren Ungestümheit und Unvorsichtigkeit sie tragisch enden läßt. »Ich hätte der Vorsehung mehr trauen sollen« [78], ruft Romeo kurz vor seinem Tode aus. Doch entgegen diesen Worten wird der Vorsehung in der Handlung nie die Möglichkeit einer ernstzunehmenden Alternative eingeräumt, die das tragische Ende hätte verhindern können. Die völlig auf die beiden Titelgestalten und ihr Gefühl füreinander konzentrierte Handlung legt allen Nachdruck auf die Eindringlichkeit und Schönheit der Liebe, die so groß ist, daß sie sich eher im Tode als in der unvollkommenen Welt verwirklichen kann.

Die vielfältigen Transformationen und Veränderungen, die Weiße in seinen Tragödien in Übereinstimmung mit und gleichzeitiger Abweichung von dem offiziellen Tragödienmodell der Aufklärung vornimmt, haben ihre Parallele in Entwurf und Anlage seines bürgerlichen Trauerspiels. Es verzichtet auf alle sozialen Implikationen und verschönt das Leiden im Glanz einer tragischen Liebe. Der aggressive und grimmige Individualismus und Subjektivismus, der in den heroischen Tragödien regelmäßig mit den Gesetzen und Geboten der Vorsehung in Konflikt gerät, bleibt auch in dem bürgerlichen Drama als Matrix erhalten, wird hier allerdings zur Empfindung einer ihre Erfüllung in sich selbst findenden Liebe gedämpft.

Wie wenig es Weiße auf die charakteristischen Merkmale des bürgerlichen Dramas ankommt, beweist sein letztes Theaterstück, das er »historisches Schaupiel« nennt: *Jean Calas* (1774). Es thematisiert den geschichtlich belegten Justizmord an einem Toulouser Kaufmann, der seinen Sohn getötet haben sollte. Soziale Fragen und Probleme bleiben von der Handlung ausgeschlossen, die sich hauptsächlich gegen den religiösen Fanatismus richtet, der das falsche Urteil diktiert hatte.

Im Widerspruch von Sozial- und Literaturgeschichte: Das Hamburger Nationaltheater

Die Gründung des Hamburger Nationaltheaters (1767–1769) wird – neben der Entstehung des bürgerlichen Trauerspiels in den 50er Jahren – als eines der direktesten und maßgeblichsten Zeugnisse bürgerlichen Strebens nach Selbstaufklärung bewertet, als Ausdruck einer sich emanzipierenden

Bevölkerungsgruppe, die mit Hilfe einer stehenden Bühne ihre spezifischen Gesellschafts-, Tugend- und Humanitätsvorstellungen verbreiten und damit nicht nur Standes-, sondern auch (deutsche) Landesgrenzen überwinden will. Daß man in Hamburg versucht, das Prinzip des von seinen Einnahmen abhängigen Schauspielertheaters durch das Engagement eines Ensembles an ein nicht von Schauspielern geleitetes Haus zu durchbrechen, daß die Finanzierung des Unternehmens von zwölf in Hamburg ansässigen Kaufleuten ermöglicht wird, kann als weiteres aufschlußreiches Kennzeichen der besonderen Rolle dieses Theaters gesehen werden, dessen Entstehung daher nicht nur literarhistorisch, sondern auch sozialhistorisch von außergewöhnlicher Bedeutung ist.

Ein solchermaßen positiv fundiertes Urteil über das Hamburger Nationaltheater, das ihm eine Schlüsselbedeutung im Prozeß der bürgerlichen Emanzipation im 18. Jahrhundert zuerkennt, ist so lange berechtigt, wie man das Faktum seiner Gründung im Auge hat, wie man diese Gründung in der Verlängerung der zuerst von Gottsched um 1730 erhobenen Forderung nach einem deutschen Nationaldrama und -theater sieht, die nach Gottsched regelmäßig und mit Emphase wiederholt wird. Die Idee des Nationaltheaters ist tatsächlich aus der Gedankenwelt des Bürgertums hervorgegangen, das mit einer solchen Einrichtung nicht nur die Existenz einer eigenen deutschen, der ausländischen, besonders der französischen, gleichwertigen (literarischen) Kultur fördern und belegen will, sondern auch seine eigene Wertwelt zur Darstellung zu bringen trachtet; das nicht nur bestimmte Gesellschaftsschichten (Hoftheater), sondern die ganze deutsche Nation anzusprechen sich vornimmt; das das Theater nicht nur als wertvolle kulturelle und aufklärende Institution betrachtet, sondern auch bewußt mit Hilfe seines öffentlichen literarisch-moralischen Appells – als dem einzigen zur Verfügung stehenden Medium – über die Landesgrenzen der deutschen Vielstaaterei hinweg den Nationalgedanken zu beschwören beabsichtigt. Ungezählte Male ist seit über vierzig Jahren die außerordentliche moralische, soziale und politische Bedeutung gerade von Drama und Theater in einem aufgeklärten oder noch aufzuklärenden Staat betont worden, eine Auffassung, die eben in der Formel vom Nationaltheater ihre prägnante Zusammenfassung findet. Aus dieser Perspektive erscheint die Hamburger Theatergründung tatsächlich als endlich erreichte Verwirklichung lang gehegter Ideen und Pläne.

Auch die Intentionen der Gründer des Theaters sind in Übereinstimmung mit den anspruchsvollen Erwartungen der Zeitgenossen und den Urteilen späterer Historiker. In Johann Friedrich Löwens Ankündigungsschreiben des neuen Unternehmens ist denn auch von einer »Nationalbühne« für das

»ganze Volk« die Rede, mit deren Hilfe man »das deutsche Schauspiel in Hamburg zu einer Würde zu erheben [gedenke], wohin es unter anderen Umständen niemals gelangen wird« [79]. Man strebe, »das deutsche Theater mit der Zeit so national zu machen, als sich alle andere Nationen des ihrigen zu rühmen Ursache haben« [80]. Ziel ist die Verbreitung einer »Sittenlehre«, der durch das Theater »die herrlichsten Dienste geleistet werden« [81]:

Und aus eben diesem wichtigen Grunde, dessen Folgen für eine ganze Nation interessant sind, und wovon sich die Vortheile, die aus der Verfeinerung des Geschmacks, und ihrer Sitten fliessen, auf den ganzen Staat und auf die Biegsamkeit seiner Bürger erstrecken; aus diesem wichtigen Grunde sagen wir, freuen wir uns, daß wir die Mittel in Händen haben, unsern Mitbürgern, ausser dem edelsten Vergnügen, dessen der menschliche Verstand nur fähig seyn kann; auch die reichsten Schätze einer geläuterten Moral zu gewähren. [82]

Anspruchsvoll ist auch die als integraler Teil des Unternehmens geplante *Theatralische Akademie* unter Leitung des künstlerischen Direktors, die den Schauspielern »Bildung des Herzens«, »Geschmack« sowie Einsicht in die Regeln und die Geschichte des Dramas und der Schauspielkunst vermitteln soll. Von der Einrichtung dieser Akademie verspricht man sich eine generelle Hebung des Spielniveaus. Die Schauspieler will man überdies mit einem jährlich festzusetzenden Gehalt engagieren, um sie von den Einkünften der Einzelaufführungen unabhängig zu machen, ja sie sollen sogar mit einer Altersversorgung versehen werden. Geplant sind außerdem regelmäßige Preisausschreiben für deutsche Tragödien und Komödien. Und daß man schließlich gar Lessing als Autor einer hauseigenen dramaturgischen Zeitschrift gewinnen kann – ihn als Theaterdichter anzustellen mißlingt –, bestätigt nochmals die positive Resonanz, auf die die Gründung bei namhaften Zeitgenossen stößt.

Doch das tatsächlich Realisierte, besser: tatsächlich zu realisieren Mögliche, bleibt weit hinter den Erwartungen, Hoffnungen und Plänen zurück. Die Praxis des Theaters entspricht eher den überall üblichen Aufführungsgepflogenheiten, als daß sie von diesen merklich abstiht. Das hat manchen Forscher dazu veranlaßt, das Hamburger Nationaltheater in seiner Bedeutung zu relativieren: es wäre vermutlich ebenso wie zahllose andere Theaterunternehmen des 18. Jahrhunderts vergessen worden, wenn nicht Lessings *Hamburgische Dramaturgie* aus ihr hervorgegangen wäre. Diese These, so verständlich sie sein mag, droht jedoch die negative Geschichte des Theaters mit ihrer Bedeutung für die Literaturhistorie des 18. Jahrhunderts gleichzusetzen und damit den Beispielcharakter eines symptomatischen Kapitels der kultursozialen Geschichte des 18. Jahrhunderts zu übersehen.

Nicht nur die Verbindung Lessings mit der Hamburger »Entreprise« sollte dieser einen Platz in der Literaturgeschichte bewahren, auch nicht die Tatsache, daß hier zum erstenmal die Idee des Nationaltheaters ihre Konkretisierung erfährt. Es gilt vielmehr den Gesamtvorgang von Entstehung, kurzem Bestehen und ruhmlosem Untergang des Theaters zu sehen, einschließlich der unleugbaren Diskrepanz zwischen Intention und Wirklichkeit. Gerade diese Diskrepanz hat entscheidenden Signalcharakter. Denn in ihr akzentuiert sich unter anderem der charakteristische Abstand zwischen den Absichten und Zielen einer kleinen Gruppe fortschrittlicher Gelehrter, Literaten und Schauspieler einerseits und der hinter diesen Absichten und Zielen zurückgebliebenen kulturellen und sozialen Realität der sich nur sehr langsam formierenden bürgerlichen Schicht um 1765 andererseits, die noch außerstande ist, die ihr zugedachten Aufgaben zu erkennen oder gar aktiv zu rezipieren. In ihr wird jedoch ebenfalls deutlich, daß die Initiatoren selbst ihren eigenen hochfliegenden Plänen nicht gewachsen sind. Die kurze Geschichte des Hamburger Nationaltheaters illustriert exemplarisch die in der Mitte des Jahrhunderts herrschenden Widersprüche in der literarisch-sozialen Wirklichkeit. Sie demonstriert die Ungleichzeitigkeit bürgerlicher Fortschrittsideale auf der einen und bürgerlich-sozialer Realität auf der anderen Seite. Der Aussagewert dieses historischen Exempels wird dadurch noch gesteigert, daß es sich in Hamburg vollzieht, einer Stadt, die von fürstlichem Einfluß relativ frei ist und in der seit vielen Jahren ein bürgerlicher Senat regiert.

Die konkreten materiellen und ideologischen Ursachen für den schnellen Untergang des Hamburger Unternehmens sind häufig genannt und beschrieben worden. Zu ihnen sind die Schauspielerkabalen zu rechnen, die geringe kaufmännische Seriosität des geschäftsführenden Konsortiums, die Eitelkeit Johann Friedrich Löwens, der sich für die Verwirklichung des Nationaltheaters nicht zuletzt zur Befriedigung seines persönlichen Ehrgeizes stark gemacht hatte, das Desinteresse des Publikums. In diesen Zusammenhang gehört auch die schwierige wirtschaftliche und politische Lage Hamburgs gerade in den Jahren nach dem Siebenjährigen Krieg, als man noch empfindlich unter den Nachwirkungen der ökonomischen Krise von 1763 zu leiden hat und sich gegen den Druck vor allem der dänischen Fürsten zur Wehr setzen muß, so daß die offiziellen Stadtinstanzen nur wenig Enthusiasmus für das Theaterleben aufbringen können und wollen.

Die Aufzählung dieser Ursachen, so einflußreich sie jede für sich und alle zusammen auch sind, führt im ganzen leicht zu der Schlußfolgerung, das frühe Debakel der Bühne komme vor allem aufgrund ungünstiger Umstände zustande, die, zeitweilig und lokal bedingt, zusammen für schlechte

Konditionen sorgen. Die Blüte des Theaters in Hamburg nach Ackermanns Rückkehr zu Beginn der 70er Jahre scheint eine derartige Auffassung auf den ersten Blick sogar zu bestätigen. Eine solche Interpretation aber hieße, den Vorgang in seiner eigentlichen Bedeutung verharmlosen. Denn eben die Reihe der einzelnen Ursachen ist ihrerseits als Bestandteil der umgreifenden Situation anzusehen, die als solche das Scheitern des Nationaltheaters unumgänglich macht. Alle konkret anweisbaren Gründe gehören selbst zur Physiognomie der Bedingungen, unter denen das Theater gegründet und betrieben wird.

Überblickt man die externen wie internen Voraussetzungen und Bedingungen, unter denen das Nationaltheater entsteht und funktionieren muß, dann kann selbst die kurze Dauer seines Bestehens noch als Ergebnis einer besonderen Leistung gewertet werden. Denn obwohl Hamburg in den Augen vieler Zeitgenossen, nicht zuletzt wegen seiner bürgerlichen Selbstverwaltung und seiner guten Beziehungen zu England, der bestmögliche Ort für die Errichtung der intendierten Bühne ist, erweisen sich die Hoffnungen, die gerade von dieser Wahl getragen werden, sehr schnell als falsch. Diese Hoffnungen sind ohnehin etwas voreilig. Denn trotz Hamburgs langer, im 17. Jahrhundert begonnener Theatertradition stehen seine Regierung, Geistlichkeit und Bürgerschaft keineswegs in dem Ruf, besonders theaterfreundlich gesonnen zu sein. Tatsächlich unterstützt die Stadtregierung das Unternehmen in keiner Phase und in keiner Form, ja schadet ihm eher durch die Zulassung eines französischen Theaters seit dem Herbst 1767. Konkrete wirtschaftliche Interessen genießen eindeutig Vorrang vor allem kulturellen Engagement. Die Furcht, die ökonomischen Verbindungen mit Preußen könnten in Gefahr geraten, ist auch dafür verantwortlich, daß man 1767 die von Berlin ausgehenden Versuche, die Aufführung von Lessings *Minna von Barnhelm* zu verhindern, keineswegs entschlossen negiert, so daß sich die Aufführung um drei Monate verzögert. Die mächtige und einflußreiche Hamburger Geistlichkeit steht dem Theater prinzipiell ablehnend gegenüber, was sich 1769 im sogenannten zweiten Hamburger Theaterstreit – in dem der später durch seine polemische Fehde mit Lessing bekannt gewordene Hauptpastor Goeze eine Hauptrolle spielt – erneut in aller Deutlichkeit dokumentiert.

Angesichts dieses wenig günstigen allgemeinen »Klimas« überrascht es nicht, daß auch die Hamburger Bürger kein rechtes Verhältnis zur Theatergründung finden. Und damit stimmt wiederum überein, daß die entscheidenden Männer unter den zwölf Kaufleuten, die dem Unternehmen die finanzielle Grundlage schaffen – entweder keine Bürger Hamburgs sind oder keinen Anspruch auf solide Kaufmannschaft erheben können. Auf keinen

Fall können sie als Repräsentanten der Hamburger Bürgerschaft angesehen werden. Der dreiköpfige Verwaltungsausschuß des Theaters – Abel Seyler, Johann Martin Tillmann, Adolph Bubbers – setzt sich aus Mitgliedern zusammen, die sich ihr Leben lang eher für alles, was mit Theater zu tun hat, als für seriöses Kaufmannsleben eingesetzt haben; Seyler und Tillmann haben überdies gerade einen geschäftlichen Bankrott hinter sich. Seylers größtes Interesse gilt offenbar seiner Liaison mit der Schauspielerin Sophie Hensel, die ihn außerdem in die bald ausbrechenden Schauspielerintrigen verwickelt. Nach dem Untergang des Nationaltheaters gründet Seyler eine eigene, übrigens sehr erfolgreiche, Truppe. Der Tapetenkaufmann Bubbers hatte als junger Mann der Schönemannschen Gesellschaft angehört. – Der vierte Mann an der Spitze des Hauses, der künstlerische Direktor Johann Friedrich Löwen, ist von gutem Willen beseelt, mit dem jedoch offenbar seine Fähigkeiten und Kenntnisse nicht korrespondieren. Jedenfalls ist seine Autorität nach kurzer Zeit untergraben, was dazu führt, daß der Schauspieler Konrad Ekhof praktisch die Leitung des Theaters auf sich nimmt. Löwens Vorträge in der *Theatralischen Akademie* werden schon nach wenigen Wochen von den Schauspielern verspottet und bald darauf boykottiert.

Auch die angeblich solide Basis der ökonomischen Sicherung gerät schnell ins Wanken. Diejenigen vom Zwölfergremium, die über Geld verfügen, sind nicht bereit, die finanziellen Verluste, die sich schon nach kurzer Spielzeit einstellen, auszugleichen. Weder die Geschäftsführung noch das künstlerische Direktorat bestimmen daher wirklich die Geschicke des Theaters. Zwar bleiben sie formal intakt, so daß auch das Theater formal weiterhin eine andere als die übliche Struktur einer Wanderbühne kennt, aber de facto haben doch wieder die untereinander in die üblichen Eifersüchteleien zerstrittenen Schauspieler mit einer Art Prinzipal an der Spitze (Ekhof) die eigentliche Leitung übernommen. Der inneren Auflösung und der damit verbundenen Angleichung an die gängigen Theaterformen entspricht das äußere Schicksal der Bühne. Die finanziellen Schwierigkeiten, verursacht vor allem durch den geringen Besuch der Hamburger, nötigt dazu, ins Hannoversche Schloßtheater auszuweichen. Man spricht von einem mehrmonatigen Gastspiel, doch tatsächlich ist mit diesem Ortswechsel das Hamburger Nationaltheater bereits im Dezember 1767 an sein Ende gekommen. Eigentlich hat es nicht einmal zwei Jahre, sondern nur einige Monate existiert. Denn das Ausweichen nach Hannover bedeutet praktisch, daß man auch nach außen den Status einer Wanderbühne angenommen hat. Die vorübergehende Rückkehr im Sommer 1768 nach Hamburg und der sich anschließende nochmalige Aufenthalt in Hannover, wo das

Hamburger Nationaltheater am 3. März 1769 dann auch offiziell geschlossen wird, bestätigen nurmehr den Rückwandel von der stehenden zur ambulanten Bühne.

Die von den Schauspielern errungene Macht innerhalb des Theaters wirkt sich auch auf die Zusammensetzung des Spielplans aus. Die Wahl der zu inszenierenden Stücke wird mehr und mehr durch die Wünsche nach bestimmten Rollen beeinflußt. Insbesondere die Schauspielerinnen bestehen darauf, daß Werke gespielt werden, die ihre Glanz- und Paraderollen enthalten. – Der Spielplan ist ohnehin unter Zwängen zustande gekommen, die mit der Idee des Nationaltheaters wenig zu tun haben. Er ist zu keinem Zeitpunkt das Resultat überlegter Selektion, die dem neuartigen Charakter des Theaters entspricht. Grundstock des Spielplans ist das Repertoire der Ackermannschen Truppe, die den Kern des neuen Ensembles bildet. Mit den Schauspielern der Gesellschaft hat man zugleich ihre Kostüme und Dekorationen übernommen. Die damit verbundenen Investitionen verlangen die Aufführung einer Reihe von Werken, nur weil die Kostüme und Dekorationen früherer Inszenierungen mitgekauft sind. Die acht Aufführungen von Corneilles *Rodogune* zum Beispiel – einer Tragödie, die Lessing in der *Dramaturgie* vernichtend kritisiert – werden nur deswegen ins Programm aufgenommen, weil Ackermann für dieses Stück gerade besonders teure Kulissen hatte anfertigen lassen, die ungenutzt stehenzulassen das Hamburger Nationaltheater sich nicht erlauben kann.

Den programmatischen und anspruchsvollen Plänen im Ankündigungsschreiben zum Trotz unterscheidet sich der Spielplan nicht von dem jeder besseren Schauspielertruppe der Zeit. Wie bei diesen überwiegt auch in Hamburg der Anteil von Dramen französischer Herkunft. Einschließlich der einaktigen Nachspiele umfaßt der Spielplan 308 Aufführungen französischer und 176 Aufführungen deutscher Werke, die durch 38 Aufführungen englischer, italienischer und holländischer Werke ergänzt werden. Der meistgespielte Autor ist Voltaire: 5 Tragödien, 5 Komödien, insgesamt 40 Aufführungen. Die dominierende Rolle dieses Autors stimmt völlig mit der hohen Wertschätzung überein, die Voltaire als Theaterdichter im Deutschland des 18. Jahrhunderts genießt. Auch wenn in Hamburg Lessing nach Voltaire der am häufigsten aufgeführte Dramatiker ist (5 Dramen werden zweiunddreißigmal aufgeführt, wovon allerdings 16 Aufführungen allein *Minna von Barnhelm* gelten), französisch-klassizistische Dramenformen, -konflikte und -themen behalten – vor allem im Bereich der Tragödie – doch eindeutig die Oberhand. Der Hamburger Zuschauer wird daher vorwiegend mit einer Welt konfrontiert, deren Motivik, Wirklichkeitssicht, Problemkonstellationen und -lösungen primär aus der höfischen Sphäre stammen. Das den Idealen des Nationaltheaters zweifellos näherkommende bürgerliche Trauerspiel ist dagegen nur vergleichsweise schwach vertreten. Lessings *Sara* wird fünfmal, Lillos *Kaufmann von Londen* dreimal gespielt. Auch die häufiger aufgeführten rührenden Lustspiele und ernsten Dramen von Weiße, Nivelle de La Chaussée und Diderot können mit insgesamt 35 Aufführungen kein wirkliches Gegengewicht gegen den klassizistischen Dramenkanon bilden, zumal sie offenbar stärker auf Effekte einer zugespitzten Empfindsamkeit und Rührseligkeit hin inszeniert werden als auf die Darstellung der in ihnen sich artikulierenden bürgerlichen Lebenswelt. Allerdings muß in diesem Zusammenhang festgehalten werden, daß Lessings *Minna von Barnhelm* das meistgespielte Stück überhaupt ist, eine Komödie, die unmißverständlich auf aktuelle deutsche politische und soziale Themen hinweist.

Daß Shakespeare im Programm in Hamburg trotz der vorliegenden Übersetzung von Wieland und trotz Lessings leidenschaftlichem Eintreten für den »unregelmäßigen« englischen Dichter fehlt, kann nicht allzusehr überraschen. Die ersten Shakespeare-Aufführungen sind erst für die 70er Jahre belegt. Warum auch Racine im Spielplan nicht auftaucht, ist weniger leicht zu erklären. Bekannt ist, daß Löwen Corneille höher schätzte als Racine. Doch kann Racine auch aus ebenso zufälligen Umständen außerhalb des Spielplans geblieben sein, wie Corneilles *Rodogune* in ihn aufgenommen wurde. Ähnliches gilt für eine Reihe deutscher Autoren, vor allem die Verfasser bürgerlicher Trauerspiele aus den 50er Jahren.

Im ganzen ist das Repertoire keineswegs planmäßig und vom Standpunkt der Besonderheit der neuen Bühne aus zusammengestellt. Doch auch wenn das letztere versucht worden wäre, eine radikale Änderung des Spielplans hätte sich dadurch kaum ergeben können, jedenfalls nicht in dem Sinne, daß ein überwiegend deutsches Repertoire möglich gewesen wäre. Die deutsche Dramenproduktion ist bis weit über die Mitte des Jahrhunderts hinaus schon rein quantitativ so klein, daß damit den Erfordernissen einer regelmäßig spielenden stehenden Bühne nicht genügt werden kann. Zum Teil ist man in Hamburg sogar noch auf Texte aus Gottscheds *Deutscher Schaubühne* angewiesen. Bezeichnend ist es darum etwa auch, daß von Lessing, der wahrlich mit Kritik an den aufgeführten Werken nicht spart, keine Äußerung überliefert ist, die den Spielplan als solchen kritisiert. Wie es andererseits allerdings ebenso bezeichnend ist, daß seine im Dienste des Nationaltheaters stehende Zeitschrift – ausgehend von den gespielten Stücken – fortlaufend gegen die französische Dramatik, gegen Themen und Motive, überhaupt gegen eine Literaturauffassung polemisiert, die einer »vorbürgerlichen« Epoche angehören. Die Lektüre von Lessings *Hamburgischer*

Dramaturgie allein läßt kaum den Schluß zu, sie sei das Sprachrohr des ersten deutschen bürgerlichen Nationaltheaters.

Schließlich findet das Repertoire, überhaupt die ganze Einrichtung des Nationaltheaters beim Hamburger Publikum wenig Widerhall. Lessing wirft ihm sogar vor, es habe »ihm nicht einmal seinen natürlichen Lauf gelassen« [83]. Dabei hat die Theaterleitung vielerlei unternommen, um den Besuch der Bürger zu stimulieren. Aber auch in diesem Falle hat wieder nur die Anwendung solcher Mittel Erfolg, die eine Preisgabe der Prinzipien einer »wohleingerichteten und lehrreichen Bühne« bedeuten [84]. Das Vorhaben, die bei allen Wandertruppen üblichen und beim Publikum überaus beliebten Ballette, Harlekinaden und Akrobatenkunststücke, die noch immer wie zu Zeiten der Haupt- und Staatsaktionen den zweiten Teil eines Theaterabends ausmachen, nicht ins Programm aufzunehmen, muß sehr schnell aufgegeben werden. Die Mehrheit der Zuschauer kommt nur, wenn man mit den gewohnten Belustigungen rechnen kann. Auch hier täuscht die *Hamburgische Dramaturgie* über die Wirklichkeit des Hamburger Theateralltags, da Lessing die regelmäßig gespielten Ballette und Harlekinaden mit keinem Wort erwähnt. Er verschweigt zum Beispiel auch, daß einer Aufführung seiner *Miß Sara Sampson* das »pantomimische Ballett« *Die Heu-Erndte* folgt, daß man nach dem *Hausvater* Diderots *Harlekins Grabmal* gibt, daß im Anschluß an Molières *Eingebildeten Kranken* der Akrobat Carolo Berger seine Kunststücke vorführen darf. – Solche »Zugaben« sind zweifellos unwillig gewährte Konzessionen an den Publikumsgeschmack, bedingt durch die finanzielle Notlage des Theaters. Doch wird dadurch der Unterschied zur gängigen Form des Wandertheaters endgültig verwischt. Die Nationalbühne richtet letztlich ihren Spielplan nach den gleichen Grundsätzen ein, die auch die auf den Erfolg jeder einzelnen Aufführung angewiesenen Wandergesellschaften befolgen. –

Überblickt man die kurze Geschichte des Hamburger Nationaltheaters in ihrer Gesamtheit, dann zeigt sich, daß die Gründe für das schnelle Scheitern sowohl allgemeiner als auch besonderer Natur sind, daß nicht nur die Ungunst der lokalen Gegebenheiten dafür verantwortlich ist. Gewiß spielen diese eine nicht unwichtige Rolle; die mangelhafte Kompetenz des Direktoriums, die Streitereien und der Egoismus der Schauspieler, Hamburgs 1767 wenig vorteilhafte wirtschaftliche Lage, die geringe Bereitschaft der Bürger, auf die Intentionen des Theaters einzugehen, die dadurch nach sehr kurzer Zeit entstehenden finanziellen Probleme – all das und anderes beeinflußt den negativen Verlauf des Unternehmens sehr direkt. Doch bereits die relativ große Anzahl und die Diversität dieser »besonderen Umstände« bilden ein Indiz dafür, daß sie nur die Oberflächenerscheinung der tiefer liegenden

Ursachen darstellen. Sie formen die konkreten Symptome einer Realität, die die Verwirklichung der Idee einer stehenden bürgerlichen Bühne mit einem anspruchsvollen Spielprogramm, wenigstens zu diesem Zeitpunkt, nicht zuläßt. An der kurzen Episode des Hamburger Nationaltheaters läßt sich ablesen, was auch sonst in der Literatur- und Sozialgeschichte des 18. Jahrhunderts zu beobachten ist. Eine relativ kleine Gruppe vorwiegend bürgerlicher Intellektueller setzt sich für eine Ideenwelt ein, die in der sozialen Wirklichkeit nur ungenügende Entsprechungen findet. Ihre Anschauungen und Postulate treffen weder in den Kreisen der höfischen Aristokratie noch in den mittelständischen Schichten auf das notwendige Echo. Die für Aufklärung, Fortschritt und bürgerliche Selbstlegitimierung streitenden Gelehrten, Literaten, Schauspieler, Pfarrer, Beamten führen ihren Kampf größtenteils ohne die Unterstützung gerade derjenigen, für die er gedacht ist.

Es ist eine Intelligenzschicht ohne breites bürgerliches Hinterland. Das kommerzielle Berufsbürgertum, das der schreibenden Intelligenz als Publikum dienen könnte, ist in den meisten Staaten Deutschlands im 18. Jahrhundert noch relativ wenig entwickelt. [85]

Doch die Geschichte des Hamburger Nationaltheaters belegt nicht nur die von Norbert Elias signalisierte Kluft zwischen »schreibender Intelligenz« und »kommerziellem Berufsbürgertum«. Nicht nur Hamburgs Kaufmannschaft, die Stadtregierung und -verwaltung, das Publikum sind außerstande, auf die Pläne einer Nationalbühne adäquat zu reagieren; auch die Organisatoren selbst sind unfähig, ihren Ideen entsprechend zu handeln. Die widerspruchsvolle Ungleichzeitigkeit von gewolltem Fortschritt und nicht zu bewältigender Realität erstreckt sich daher bis ins Innere des Theaters. Der unzureichende Professionalismus der Theaterleitung und die partikularen Interessen sowohl der Direktoren als auch der Schauspieler sind ebenso wie die Reaktionen der Hamburger Ausdruck der sozialen Situation und Realität, die hinter der fortschrittlichen Idee eines Nationaltheaters zurückgeblieben sind. Lessing hat darum recht, wenn er dem Hamburger Fiasko repräsentative Geltung zuschreibt. Doch ist es zweifelhaft, ob seine vielzitierten Worte am Ende der *Dramaturgie* tatsächlich die allgemeine und objektive Ursache für den Mißerfolg formulieren:

Über den gutherzigen Einfall, den Deutschen ein Nationaltheater zu verschaffen, da wir Deutsche noch keine Nation sind! Ich rede nicht von der politischen Verfassung, sondern blos von dem sittlichen Charakter. Fast sollte man sagen, dieser sey: keinen eigenen haben zu wollen. [86]

Die Verwirklichung der Idee des Nationaltheaters ist eben nicht nur eine

Frage des Wollens. Es fehlen die Voraussetzungen eines solchen Wollens. Auch diejenigen, die sich mit vollem Eifer für das Nationaltheater einsetzen, sind den selbstgestellten Aufgaben nicht gewachsen. In seiner vorwurfsvollen Klage über das Verhalten des Hamburger Publikums übersieht Lessing offenbar, daß die Chancen eines Nationaltheaters auch unter anderen Bedingungen äußerst gering gewesen wären. Er läßt außer acht, daß zum Beispiel auch die Repertoiremöglichkeiten eines solchen Theaters sehr beschränkt sind. Aufgrund der besonderen Einzelheiten, die das spezifische Schicksal des Hamburger Versuchs profilieren, hat nach Lessing auch die Literaturgeschichte diesen Aspekt immer wieder vernachlässigt. Nicht allein die sozioökonomischen Möglichkeiten stehen der Realisierung eines Nationaltheaters entgegen, sondern auch seine literarischen. Trotz aller Besonderheiten, die den Spielplan in Hamburg beeinflussen, entspricht er doch im großen und ganzen in seiner Zusammensetzung den Möglichkeiten und Grenzen eines anspruchsvolleren Repertoires. In seiner Mischung aus Amüsement und ernsthafter Prätention, aus deutschen und ausländischen Dramen, mit einer klaren Dominanz der französischen, ist er nicht nur repräsentativ für die literaturgeschichtliche Situation, die durch das Nebeneinander des Ungleichzeitigen gekennzeichnet ist, sondern ist in ihm auch die 1767 erreichbare Qualität verwirklicht. Eine Auswechslung der französischen Werke gegen deutsche in größerem Umfang hätte eine nicht unbeträchtliche Verarmung mit sich gebracht.

Dem Hamburger Nationaltheater gebührt in der deutschen Literaturgeschichte des 18. Jahrhunderts nicht nur deswegen ein Platz, weil es den ersten und vorläufig einzigen Versuch darstellt, ein mit bürgerlichen Intentionen übereinstimmendes Theater zu gründen, sondern vor allem, weil seine negative Geschichte die widerspruchsvolle Verflechtung sozialer wie literarischer Fakten besonders anschaulich erkennen läßt.

Lessings Drama als Vollendung und Kritik aufklärerischer Denk-, Sozial- und Dramenstrukturen

Obwohl es falsch wäre, die Geschichte des deutschen Dramas zwischen 1740 und 1770 vor allem oder gar ausschließlich in den Werken Gotthold Ephraim Lessings gespiegelt zu sehen, sind es doch seine Dramen und seine Dramentheorie, überhaupt Lessings intensive Beschäftigung und Auseinandersetzung mit Fragen und Problemen des Theaters, die für diese Geschichte eine besondere Bedeutung besitzen. Lessings Name wie seine Werke sind in symptomatischer Weise mit dem dramatischen Schaffen der Aufklärung im engeren Sinne verbunden. Lessings Jugendkomödien sind es, die das gegen soziale Vorurteile gerichtete Typenlustspiel mit neuen, radikaleren Inhalten versehen; Lessing ist es, der das erste deutsche bürgerliche Trauerspiel veröffentlicht, der auch dessen Theorie entscheidend mitprägt; Lessing ist es, der sich außer für Diderot vor allem auch für Shakespeare einsetzt, dessen Werke dann in den folgenden Jahrzehnten eine zentrale Rolle in der deutschen Dramatik spielen; Lessings Name ist unlösbar mit der Erscheinung des Nationaltheaters verknüpft; Lessing ist es, der mit *Minna von Barnhelm* die bis heute nicht ausinterpretierte Komödie und mit *Emilia Galotti* die bis heute nicht ausinterpretierte Tragödie der Aufklärung schreibt; Lessing schließlich ist es, der mit *Nathan dem Weisen* auch den krönenden Abschluß der Vernunft- und Toleranzideologie des aufklärerischen Zeitalters schafft.

Lessing zeigt sich in all seinen Werken nicht nur stets auf der Höhe seiner Zeit, als derjenige Autor, der mit sicherem Blick neue und fruchtbare Entwicklungen aufgreift, sich für sie einsetzt und sie in seine dramatische Praxis umsetzt, sondern zugleich auch als derjenige, der dabei das Prinzip einer öffentlich-kritischen Aufklärung, die ihr Ziel letztlich in sozialer Veränderung sieht, konsequent wie kein anderer Zeitgenosse vertritt. Im Kern seines dramatischen und dramaturgischen Konzepts sind die Ideale und Forderungen eines bürgerlichen Dramas exemplarisch zusammengefaßt: die Ablehnung des christlichen Trauerspiels wie der höfisch-heroischen Tragödie; der Standesgrenzen überschreitende Entwurf gemischter Charaktere; die Identifizierungsmöglichkeiten des Zuschauers mit den Dramengestalten; die Mitleid-Theorie; die Kartharsis-Vorstellung, nach der tugendhafte Fertigkeiten zu sozialen werden können; der sich kundgebende weltanschauliche Optimismus, der die Forderung begründet, das dramatische

Ganze des »sterblichen Schöpfers sollte ein Schattenriß von dem Ganzen des ewigen Schöpfers sein; sollte uns an den Gedanken gewöhnen, wie sich in ihm alles zum Besten auflöse, werde es auch in jenem geschehen« [87].

Solche Positionen, die die aufklärerischen Überzeugungen und Ideale zusammenfassen, werden überdies im ständigen Dialog mit vorliegenden Standpunkten, Theorien, Ansprüchen entwickelt. Stil und Struktur der kritisch-rationalen Auseinandersetzung kennzeichnen jedoch nicht nur Lessings theoretische Schriften, sondern bestimmen in hohem Grade auch die innere Zielrichtung seiner Dramen. Sie sind darum keineswegs nur gradlinige Verwirklichungen aufklärerischer Dramaturgie und aufklärerischen Geistes im allgemeinen, sondern zugleich auch Reaktionen und zum Teil handfeste Kritik. Sie zeigen die Möglichkeiten und die Grenzen der Aufklärung an; sie werden vor allem dort zu kritischen Instrumenten, wo die rationalen Grundsätze der Aufklärung in Gefahr geraten, von emotionaler Selbstgenügsamkeit verdrängt zu werden, wo das Private die öffentlich-kritische und damit auch die im weiteren Sinne soziale Humanität unkenntlich zu machen droht. Lessings Dramen verraten trotz aller auffälligen Übereinstimmung mit der bürgerlich-aufklärerischen Gesinnung zugleich die Zweifel an dieser Gesinnung, nicht zuletzt deshalb, weil es für ihren Autor – eben weil er ein echter Aufklärer ist – keine Haltung geben kann, die sich dem einmal Erkannten ruhig überlassen könnte. So geraten Lessings Dramen zum Teil sogar in deutlichen Widerspruch zu offiziellen Anschauungen und Doktrinen, implizit auch in Widerspruch zu seiner eigenen expliziten Dramentheorie. In Lessings dichterischen Werken jedenfalls hat die Lehre von der besten aller möglichen Welten nie ihre vorbehaltlose Bestätigung gefunden. Lessings Dramen decken Schwächen der herrschenden Denk- und Literatursysteme bereits zu einem Zeitpunkt auf, als auch ihr Verfasser diese Systeme noch scheinbar ohne Einschränkung verteidigt.

Wie wenig Lessings Dramen mit bestimmten bürgerlich-aufklärerischen Grundpositionen übereinkommen, veranschaulicht unter anderem das Bild der Familie, wie es in diesen Dramen erscheint. Alle Dramen spielen in der Familie, thematisieren wenigstens das Problem der Familie oder der Liebesbeziehungen, die zur Ehe führen oder führen sollen. Das Familiengemälde als bürgerlich fundierter Rahmen von Tragödie und Komödie prägt Lessings Werke ebenso wie die seiner Zeitgenossen. Insofern ist Lessing wie sie von einer allgemeinen Strömung ergriffen, von einer ideologisch unterlegten Mode, von der sich selbst Schiller erst in den 80er Jahren über »ein Familiengemälde aus einem königlichen Hause« [88] lösen kann.

Sieht man genauer hin, dann zeigt sich jedoch, daß bei Lessing die Verankerung der Dramenhandlung im Familialen und Privaten gerade nicht als

Ausweis menschlicher Geborgenheit gelten kann, sondern beinahe als programmatische Gegnerschaft zum Familienideal und der damit verbundenen privatistischen Existenz gesehen werden muß. Erstes Anzeichen dafür ist die Tatsache, daß die Familie in der Regel unvollständig ist. Fast immer fehlt die Mutter. Häufig sind die Kinder in den Teilfamilien nicht die natürlichen, sondern verwaiste Kinder von Verwandten oder Freunden. Von Anfang an präsentiert die Familie sich so nicht in ihrer ursprünglich heilen Form, sondern als jeweils deformierte Einheit. Schon deswegen erreicht sie nie die ihr im 18. Jahrhundert zugesprochene Repräsentativität, sondern hat, schon ehe der Vorhang sich hebt, viel von ihrer suggestiven Macht verloren. Die Ausnahme *Emilia Galotti* bestätigt die Regel. Bilden auch die beiden Galottis mit ihrer Tochter eine vergleichsweise intakte Familie, es ist eine Intaktheit, die nicht einmal äußerlich standzuhalten vermag. Die Ehepartner leben seit langem getrennt, und eine tatsächliche Verständigung zwischen beiden ist nicht mehr gegeben. Entscheidend ist jedoch, daß Emilias Untergang nicht zuletzt durch die besondere Situation der Familie mit ihren internen Widersprüchen mitverursacht wird, auch durch die Erziehung, der Emilia ausgeliefert war und ist, die wiederum aus den Bedürfnissen und Zielen einer bürgerlich-moralisch und doch gesellschaftlich nicht ehrgeizlos orientierten Familie resultieren. Sowohl das politisch-gesellschaftliche Lavieren der Mutter als auch die kompromißlose Tugendstrenge des Vaters begründen wesentlich die tragische Entwicklung des Werkes. Und nicht nur in dieser Tragödie findet sich eine verhängnisvolle Konstellation, die ihre Ursachen zu einem guten Teil in der Familie hat. Auch Sara Sampsons »Fehltritt« wie schließlich ihr Tod sind mitbegründet in den spezifischen Regeln und Verhaltensformen, die für eine Tochter bürgerlicher Herkunft in der familiären Organisation mit ihren subjektiv-fragilen und doch starren Strukturen gelten.

Umgekehrt enden die Komödien Lessings alle an der Stelle, an der auch die Trivialliteratur meist endet: kurz vor der Heirat. Das eigentliche Familienleben kommt nicht zur Darstellung. So verhält es sich auch in *Minna von Barnhelm.* Am Ende dieses Lustspiels haben sich zwei Liebende gefunden, die gewissermaßen familienlos sind. Über Tellheims Herkunft erfährt man überhaupt nichts, und von Minna nur so viel, daß sie auf den Gütern ihres Oheims »erzogen« worden sei. Der Major in vormals preußischen Diensten und das sächsische Edelfräulein begegnen sich als zwei Menschen, die gleichsam unbelastet sind von allen familiären Konditionierungen, die sich überdies nicht finden aufgrund persönlich-sinnlicher Neigung, sondern aufgrund freier, menschlicher Denkungsart und souverän-vorbildlicher Handlungen: Minna liebt Tellheim, ehe sie ihn gesehen, sie liebt und sucht ihn ohne die falsche Scham einer wohlerzogenen Tochter, als sie von seinem Verhalten gegenüber den sächsischen Ständen gehört hat. Gerade weil diese Handlungsweise unabhängig von jeglicher familiären Bindung erfolgt, gewinnt sie besondere Signifikanz. Das Fehlen des Familienhintergrundes – was sich auch für die Nebengestalten konstatieren läßt – konkretisiert auf diese Weise die kritische Auseinandersetzung mit der Institution der Familie in der Komödie nicht weniger prägnant als in den Tragödien.

Es gibt nur ein Drama von Lessing, in dem die Familie nicht in negativer Form auftritt oder die Handlungsweise der Gestalten ex negativo konturiert: *Nathan der Weise*. Aber schon auf den ersten Blick ist zu erkennen, daß diese Familie nichts mit der sozial-ökonomischen Gemeinschaft einer bürgerlichen Familie zu tun hat. Die Angehörigen dieser Familie haben aufgrund ihrer Denkungsart und Charakteranlage zueinander gefunden, ehe sie ihre natürliche biologische Verwandtschaft entdecken beziehungsweise bestätigt wissen. An die Stelle des gesellschaftlich-wirtschaftlich-biologischen Nutzverbandes ist im *Nathan* eine eher symbolische Familie getreten, deren Zusammenhalt hauptsächlich in der geistig-moralischen Zusammengehörigkeit fundiert ist und die damit die der bürgerlichen Familie grundsätzlich übersteigt. In wie hohem Grade diese positiv gezeichnete Familie ihrer primären Funktion beraubt ist, zeigt sich auch in der Umwandlung der Liebesbeziehung zwischen Recha und dem Tempelherrn in ein Geschwisterverhältnis. Dieser vielkritisierte Vorgang ist durchaus auch als eine Art Läuterung zu verstehen, als ein Prozeß, der die von privat-sinnlichen Elementen getragene Beziehung zwischen den beiden in eine von derartigen »unreinen« Elementen befreite Gemeinschaft überführt. Die Personen, die das Schlußtableau im *Nathan* bilden, haben als Familie gerade das hinter sich gelassen, was die bürgerliche Familie auszeichnet: die Intimität und die Geschlossenheit des sozialen Schutz- und Nutzverbandes. Im Prinzip ist es eine Familie, deren Mitgliedschaft jeder erringen kann, der die gleiche weltoffene und humane Gesinnung besitzt, welche die Mitglieder stärker als jeder biologisch-verwandtschaftliche Status aneinanderbindet.

Will man überhaupt von einem Konzept des Familialen bei Lessing sprechen, dann gibt sich in diesem Konzept wiederum eine konsequent aufklärerische Einstellung zu erkennen, die eher rational gewonnenen Einsichten vertraut als kreatürlich-natürlich vorgegebenen Strukturen. Darin unterscheidet sich denn auch Lessings defekte Teilfamilie von den unvollständigen Familien in den Werken seiner Zeitgenossen. Bei ihnen bleibt die biologisch fundierte Kleinfamilie auch dann das anzustrebende Ideal, das Menschlichkeit und Menschenwürde garantiert, wenn ihre Verwirklichung aufgrund unglücklicher Geschehnisse verhindert wird. Bei Lessing hingegen verliert die Familie als Hort der Humanität ihren verbindlichen Wert gerade aufgrund der Beschränkung durch den bloßen Privatverband.

Was sich in Motiv und Darstellung der Familie bekundet, gilt für Lessings Drama prinzipiell: Aufgreifen bestehender Auffassungen und Überzeugungen, um sie zum Gegenstand kritischer Analyse zu machen. So ist trotz der eloquenten Beschwörung der vorrangig über emotionale Bedingungen zu erreichenden Wirkung des Dramas in den dramatischen Werken selbst von der Wirkung über Emotionen nur wenig zu erkennen. Eine Ausnahme bildet mit Einschränkungen *Miß Sara Sampson*. Die übrigen Werke jedoch appellieren deutlicher an die rationalen als an die emotionalen Kräfte im Zuschauer. Das hat unter anderem zu den zahllosen in Lessings Wirkungsgeschichte überlieferten Reaktionen geführt, in denen ihm immer wieder das »Verstandesmäßige«, das »Konstruierte« seiner Dramen vorgehalten wurde und wird. Der Grund für solche Reaktionen – vor allem der Zeitgenossen – liegt in erster Linie darin, daß Lessings Dramen den Zuschauer immer wieder zum Umdenken zwingen, zur Revision des ihm Gewohnten und Geläufigen. Sie negieren immer wieder etablierte Erwartungshorizonte oder untergraben doch deren selbstverständliche Geltung. Und diese Methode des Infragestellens und des Zweifels macht vor den heiligsten Überzeugungen des Zeitalters nicht Halt, auch nicht vor der vor allem in der bürgerlichen Literatur unzählig oft beschworenen Gewißheit von der besten aller möglichen Welten.

Bereits die Jugendlustspiele *Die Juden* und *Der Freygeist* hatten hiervon beredtes Zeugnis abgelegt. Aber auch im ersten deutschen bürgerlichen Trauerspiel, in *Miß Sara Sampson*, wird die fraglose Selbstverständlichkeit einer Affirmation traditioneller und geltender Überzeugungen wenigstens partiell in Zweifel gezogen. Nicht nur wird in der Gestalt des Mellefont der übliche Tugend-Laster-Gegensatz aufgelöst, sondern Saras Tod ist nicht mehr mit den gängigen Kategorien des aufklärerischen Weltbildes in allen Hinsichten zufriedenstellend zu erklären. Zwar wird ihr Untergang durch einen traditionellen »Fehltritt« eingeleitet – darin stimmt das Werk mit der zeitgenössischen Tragödienstruktur überein –, doch ist ihr Tod nicht die direkte Folge dieser Verfehlung, für die sie außerdem schon in der Mitte des Dramas von ihrem als Stellvertreter Gottes fungierenden Vater Vergebung erhalten hat. Ihr Tod ist vor allem das Ergebnis einer sich unabhängig von Saras Handeln einstellenden und durchsetzenden irdischen Kausalität, die vor dem moralischen Gesetz einer vernünftig-sittlichen Weltordnung als Zufälligkeit erscheinen muß. Der Einsturz des positiven Weltbildes, der in dieser Tragödie droht, wird nur mit Mühe durch eine Art Heiligsprechung der Protagonistin und durch den nachdrücklichen Hinweis auf Gottes für den Menschen stets zum Guten ausschlagende Pläne verhindert:

Die bewährte Tugend muß Gott der Welt lange zum Beispiele lassen, und nur die schwache Tugend, die allzu vielen Prüfungen vielleicht unterliegen würde, hebt er plötzlich aus den gefährlichen Schranken – [89]

Kritik und Zweifel, die in *Miß Sara Sampson* noch eher indirekt formuliert werden, artikulieren sich in den späteren Werken immer weniger versteckt. Sie werden zu unmißverständlichen Hinweisen auf die Gefahren eines sich in Sicherheit wiegenden Systems, sie beziehen sich schließlich in aller Offenheit auf die sich zu normativ-unhistorischer Geltung entwickelnde optimistische Weltinterpretation. Darum auch ist *Philotas* eben keine Hymne auf Patriotismus und Heldentod für das Vaterland, sondern eher eine geharnischte Satire auf derartige Werte. Doch macht die Satire nur einen Teil des allgemeinen Angriffs aus, der in diesem Werk gegen bestimmte aufklärerisch-rationale Ideale und Tendenzen geführt wird. Die volle Kraft des Angriffs richtet sich gegen eine falsche Erziehung, als deren Resultat der Selbstmord des jugendlich-überspannten Prinzen zu begreifen ist. Das wird insbesondere in der kasuistischen Argumentation deutlich, mit der Philotas seinen Freitod begründet. Der in *Miß Sara Sampson* sich ankündigende Zweifel wird überdies im Schluß des Einakters zugespitzt wiederholt. Der gute König Aridäus gibt sein Amt als Herrscher auf, weil er im politischen Leben keine Chance mehr für humanes Handeln sieht. Die sich in seinem Entschluß, den Krieg durch eine großzügige Verzichthandlung zu beenden, manifestierende Humanität wird sogleich durch den Rückzug aus der Öffentlichkeit in den Bereich des Privaten relativiert. Menschlichkeit vermag sich offenbar, so lautet wenigstens die Überzeugung des Königs, nur jenseits des Gesellschaftlichen zu realisieren. – Nur scheinbar jedoch bestätigt Lessing mit diesem Entschluß des Königs die übliche Tendenz seiner Zeit, der wahren Humanität ihre eigentliche Bestimmung im Privatbereich zuzuweisen, wie es denn auch im bürgerlichen Trauerspiel, aber auch in der heroischen Tragödie (vgl. Cronegks *Codrus*) vielfach geschehen ist. In *Emilia Galotti* taucht das Motiv des Rückzugs wieder auf, dort jedoch in unmißverständlich kritischer Verschärfung, da nun auch die Privatexistenz nicht vor tragischem Scheitern zu schützen vermag.

Nicht allein in den Tragödien gibt Lessing seiner Kritik und seinen Zweifeln an der praktizierten Aufklärung Ausdruck. Auch die Struktur der Komödie *Minna von Barnhelm* ist von ihnen bestimmt. In diesem Werk wird das alte, hundertfach bewährte und erprobte Schema der sächsischen Typenkomödie nochmals aufgegriffen, konturiert den äußeren Gang der

Handlung und bietet dem Zuschauer so scheinbar verläßliche Orientierung. Doch versagt das Schema, im Gegensatz zu seinen zahllosen früheren Exemplifizierungen, angesichts der in dieser Komödie zu lösenden Probleme gänzlich. Die Abrechnung mit dem alten Komödienschema, die in diesem Lustspiel vorgenommen wird, erschöpft sich jedoch nicht in einer literarischen Revision, sondern impliziert auch eine Absage an das Welterklärungsmodell, das dem Komödienschema zugrunde lag.

Die alte, vieldiskutierte Frage, ob der Sinn der *Minna von Barnhelm* vornehmlich in der erfolgreichen Erziehung zu suchen sei, in der Heilung, die Minna mit ihrer Intrige an dem einem falschen Ehrbegriff verfallenen Tellheim vollbringe, ist eine Frage, die sich aus der Struktur der Typenkomödie herleitet. Tatsächlich scheint die Spielhandlung von einem Konflikt getragen, der wie in einer Komödie Gottschedischer Machart auf der individuellen Verirrung basiert, auf der persönlichen Abweichung von einer vernünftigen Norm, die durch das beherzte Eingreifen der überlegenen Gegenspielerin korrigiert wird. Doch prüft man diesen Sachverhalt genauer, stellt sich heraus, daß Tellheims »Fehler« der übertriebenen Ehre allenfalls ein Symptom ist, Ausdruck einer Reaktion auf eine nicht durch ihn verursachte, ihn jedoch in ernsthafte Schwierigkeiten versetzende Situation. Selbst wenn man annimmt, daß es Minnas Intrige gelingt, des Majors in den ersten Akten formalistisch anmutenden Ehrbegriff in einen qualitativ anderen zu verwandeln, so bleibt dadurch die Tellheims Handlungsweise bestimmende Situation doch unverändert und der glückliche Ausgang des Stückes wird davon nicht berührt. Es ist keine Frage, daß Tellheim, wenn er über das falsche Spiel, das Minna mit ihm gespielt hat, aufgeklärt würde, ohne daß zugleich das königliche Handschreiben einträfe, zu seinem früheren Entschluß, sie nicht zu heiraten, zurückkehrte. Minnas Erziehungskur, die völlig nach dem Modell der Typenkomödie verläuft, vermag allenfalls im internen Raum der privat-persönlichen Liebeshandlung zum Erfolg zu führen, sie kann jedoch nicht mit der Korrektur des individuellen »Fehlers« auch die Ordnung und den Sinn der Wirklichkeit wiederherstellen. Die sind erst dann restituiert, wenn die Umstände geändert sind, die für Tellheims Situation verantwortlich sind. Und das wiederum kann nur durch Instanzen geschehen, die außerhalb des Einflußbereichs der im Stück auftretenden Personen liegen.

Lessings Komödie stellt darum nicht allein eine Modifizierung bewährter Muster dar, sondern wird darüber hinaus zur Darstellung der Entwertung des von diesen Mustern repräsentierten Wirklichkeitsmodells. Die Mutation der literarischen Form ist darum letztlich Ausdruck einer sie begründenden und tragenden Wandlung des Realitätsmodells. Kritik und Zweifel sind hier in die Form der Komödie gefaßt; das heißt sie sind am Ende abgefangen und neutralisiert. Im Grunde war ja schon vor Beginn der Handlung alles entschieden: der königliche Bote trifft Tellheim um einen Tag zu spät an, den Tag, an dem die Handlung spielt. Am Ende hat so die Komödie gesiegt. Doch kann das kaum darüber hinwegtäuschen, daß das in ihr Dargestellte sich eben nur als Komödie zu behaupten vermag. –

Was sich in *Miß Sara Sampson* ankündigt, in *Philotas* genauer profiliert und in *Minna von Barnhelm* den von der Komödie zurückgedrängten Wirklichkeitshintergrund abgibt, findet in *Emilia Galotti* gleichsam seine Vollendung. Wie hoch oder wie gering man auch die Schuld Emilias – in der Terminologie der Aufklärung: ihren Fehler – einschätzen mag, ihr tragischer Tod, der ihren Vater zum Mörder macht, sowie die Ermordung Appianis werden dadurch in keiner Weise gerechtfertigt. Die in der Nachfolge Goethes verschiedentlich vertretene These, Emilia liebe den Prinzen und werde dadurch verführbar und schuldig zugleich, kann ebensowenig als ausreichender Grund für eine nur mit dem Tode zu büßende Schuld angesehen werden. Auch die Tatsache ihrer bloßen Verführbarkeit, ohne alle Begründung durch die mögliche Liebe zum Prinzen, kann weder vor dem Empfinden des 18. Jahrhunderts noch gar vor modernen Auffassungen ihren Untergang als sinnvollen Tragödienuntergang akzeptabel machen.

Um die Theodizee dieses Trauerspiels zu retten, hat man darauf hingewiesen, daß die wie in *Miß Sara Sampson* religiös und sittlich begründete bürgerliche Tugend am Ende allen Angriffen standgehalten habe, daß der moralische Sieg der tragischen Heldin in der freiwilligen Wahl des Todes bestehe und so das Prinzip der Tugend schließlich doch triumphiere. Eine solche Interpretation ist schlüssig und bis zu einem gewissen Grade auch sinnvoll. Ihr großer Nachteil liegt darin, daß sie die Konzession einschließt, das aufklärerische Streben nach einer vernünftig-moralischen Weltordnung, die Verwirklichung des grundlegenden Tugendprinzips, sei nicht auf Erden realisierbar. Das aber ist gleichbedeutend mit dem Eingeständnis, das allerdings unausgesprochen bleibt, in dieser Tragödie scheitere der von den Aufklärern verteidigte Glaube an den Fortschritt im Sinne einer stetigen Weltverbesserung. Wie auch immer man es wendet, *Emilia Galotti* ist weit davon entfernt, der »Schattenriß« zu sein, den Lessing in der *Hamburgischen Dramaturgie* für die Tragödie allgemein gefordert hat.

Daß die Tugend in diesem Stück überhaupt verführbar ist, ist vielsagend genug. Denn die Explikation der Verführbarkeit bedeutet Kritik am exemplarischen Tugendbegriff. Es ist ein Tugendbegriff, der allein auf Kosten des Lebens aufrechterhalten werden kann. Seine Bedeutung verringert sich im Laufe der Handlung zu einer nurmehr formellen, da diese Tugend gegen die Gefahren aus dem eigenen Innern bewahrt werden muß und gleichzeitig diese Bewahrung zur Aufgabe anderer ebenso hoch einzuschätzender Werte zwingt. Damit ist im Grunde die aufklärerische Vernunft- und Tugendgewißheit in dieser Tragödie preisgegeben.

Düsterheit und Ausweglosigkeit der Tragödie werden noch erheblich dadurch verstärkt, daß die Galottis wie Appiani völlig unschuldig in die Welt gerissen werden, die ihren Untergang herbeiführt, in die Welt des Hofes, aus der sie sich entschlossen zurückgezogen hatten. Die demonstrierte Nutzlosigkeit der als sittliche Tat getarnten Flucht aus der Öffentlichkeit, die doch vor dem Verderben nicht schützen kann, gibt dem Drama auch signifikante sozial-politische Dimensionen. Sie kennzeichnen das Stück, auch wenn Lessing von einer »modernisirten, von allem Staatsinteresse befreyeten Virginia« gesprochen hat [90]. Es wäre jedoch einseitig, die in dieser Tragödie gestaltete Kritik und Anklage allein gegen despotische Willkür gerichtet zu sehen. Sie gelten ebenso den sich hier manifestierenden Überzeugungen und Glaubenssätzen des Bürgers, die lediglich in der Abgeschiedenheit des Privaten standzuhalten vermögen.

Lessings Tragödien und weniger auffällig auch seine Komödie *Minna von Barnhelm* schieben dunkle Wolken vor den lichten Himmel der Aufklärung. Doch bedeutet das nicht, daß durch sie Aufklärung generell geleugnet oder gar annulliert werde. Die kritische Negation bezieht sich auf die historische Erstarrung aufklärerischer Positionen und Bewegungen zu leeren Formalismen, wie sie sowohl in der Literatur als auch allgemeiner in der Weltauffassung um die Jahrhundertmitte zu beobachten sind. Lessings Dramen signalisieren ganz konkrete Gefahren: die verinnerlichte, in erster Linie religiös ausgerichtete Tugend, der Verzicht auf aktive Teilnahme am sozialen Leben drohen jede von noch so guten Absichten getragene Humanität gegenüber den Forderungen der Wirklichkeit schwach und wehrlos zu machen. Sittliches, freies Handeln, das sich gegen Willkür und Bosheit durchzusetzen stark genug ist, kann unter diesen Voraussetzungen nicht entstehen. Die Fixierung eines auf sich selbst konzentrierten Leistungsprinzips der Tugend, seine Konsolidierung im Freiraum nichtgesellschaftlicher Existenz sowie die autoritären Mechanismen familiärer Erziehung unterwerfen den Menschen neuen Abhängigkeiten, bringen ihn vor allem dazu, die Welt als Aufgabe human-aufklärerischer Emanzipation den anderen, den Nicht-Tugendhaften, zu überlassen. Daß diese anderen selbst die genügsame, die »idyllische« Existenz der Abgeschiedenheit nicht zulassen, zeigt *Emilia Galotti* besonders eindringlich.

Die positive, die alternative Lösung, den programmatischen Vorschlag für das richtige Verhalten bietet Lessing in dem »dramatischen Gedicht«

Nathan der Weise (1779). Gewiß kann man in diesem Stück allein die Umsetzung der »Erziehung des Menschengeschlechts« in ein Bühnenspiel sehen. Doch es ist mehr als das. Als ein für das Theater geschriebenes Werk muß es auch im Rahmen des übrigen dramatischen Oeuvres und als eine Fortsetzung dieses Oeuvres begriffen werden. *Nathan der Weise* kann kaum anders denn als eine Utopie interpretiert werden. Lessing weiß »keinen Ort in Deutschland, wo dieses Stück schon jetzt aufgeführt werden könnte« [91]. Doch wäre es voreilig, hieraus zu folgern, das Werk erschöpfe sich in der Unverbindlichkeit eines illusionären Phantasieprodukts. Utopie meint hier den in der Spielhandlung am Schluß tatsächlich erreichten Zustand einer harmonischen Gesellschaftsordnung, dargestellt überdies in der symbolischen Einheit einer Familie. Die Ferne dieser Realität impliziert jedoch nicht auch utopische Distanzierung von denjenigen Kräften und Werten, die die Menschen den das Stück tableauartig beschließenden Zustand erreichen lassen. Die Aufführungstradition des Werkes hat dem allerdings wenig Rechnung getragen. Indem man Nathan meistens als alten Mann darstellte, hat man die in seinem Handeln und Denken nachdrücklich erscheinende aktive Sittlichkeit und Humanität nur allzuoft in eine freibleibende Altersverklärtheit verwandelt. Auf der aktiven Selbstverwirklichung des Einzelnen jedoch liegt einer der Hauptakzente. Sie ist die Basis aller menschlichen Entwicklung, auch allen gesellschaftlichen Fortschritts, und sie kann den jüdischen Kaufmann ebenso auszeichnen wie den christlichen Ritter oder den orientalischen Herrscher. Der Rückzug aus der Öffentlichkeit taucht auch in diesem Stück noch einmal auf. Doch bezeichnenderweise wird Al Hafis ungesellschaftlich orientierte Derwisch-Existenz am Ganges ausdrücklich als inadäquate Konkretisierung von Humanität zurückgewiesen.

Die Hauptgestalten dieses Dramas charakterisiert eine vor Konflikten und Krisen nicht zurückscheuende entschlossene Humanität, die nicht von historisch gewordenen, herrschenden Normen ausgeht und getragen wird, sondern solche Normen gerade schafft, sie zugleich in rational nachvollziehbarer Weise schafft. Lessing sieht in *Nathan* »ein so rührendes Stück, als ich nur immer gemacht habe« [92]. Rezipienten und Interpreten haben anders als er geurteilt und dem Drama unendlich oft »Kälte«, »Verstandeskunst« und »Konstruktion« vorgeworfen. Und sie haben insofern recht, als auch dieses Bühnenwerk warme Gefühlsbewegtheit im Sinne erschütternder und affirmierender Emotionalität höchstens kurzfristig aufkommen läßt. Es verlangt vom Zuschauer mehr kritische Rationalität als emotionale Identifizierung. Der zentrale, Lessings eigentlichste Überzeugung wiedergebende Gedanke liegt weniger in der Toleranzidee und dem Nachweis der Relativität positiver Religionen als in dem Appell an eine aktive und rational fundierte Humanität, die sich der Wirklichkeit stellen, die sich im Einzelnen bewähren und stets aufs neue beweisen muß. Diese Humanität meint auch die Ringparabel: »... der rechte Ring/ Besitzt die Wunderkraft beliebt zu machen;/ Vor Gott und Menschen angenehm« [93]. Doch diese Wirkung ist nicht schon durch den Besitz des Ringes gewährleistet. Dazu bedarf es der Anstrengung des Willens seines Trägers, der deshalb letztlich auf die Rechtmäßigkeit des Ringes nicht angewiesen ist. Darum auch werden die drei Söhne zu einem Handeln aufgefordert, das in Übereinstimmung mit den Wirkungen eines »rechten« Ringes ist: »Es strebe von euch jeder um die Wette,/ Die Kraft des Steins in seinem Ring' an Tag/ Zu legen!« [94]. In dieser Aufforderung ist dem Menschen die Pflicht zur Eigenverantwortlichkeit aufgetragen. Der Dramenautor Lessing nimmt diese Pflicht so ernst wie keiner seiner Zeitgenossen. Seine Werke können deshalb zum repräsentativen Höhepunkt der Aufklärung werden und doch zugleich deren Grenzen und Schwächen ins Licht rücken.

Anmerkungen

1 Johann Friedrich *Löwen*, Geschichte des deutschen Theaters. Widmung. In: Heinrich *Stümke* (Hrsg.), Joh. Friedr. Löwens Geschichte des deutschen Theaters (1766) und Flugschriften über das Hamburger Nationaltheater (1766 und 1767). Berlin o. J. (Neudrucke literarhistorischer Seltenheiten No. 8). S. XXII.

2 Johann Friedrich *Schink*, Dramaturgische Fragmente. Graz 1782. Zitiert nach: Jörg *Mathes* (Hrsg.), Die Entwicklung des bürgerlichen Dramas im 18. Jahrhundert. Tübingen 1974. (Deutsche Texte 28). S. 100.

3 In seiner »Dramatologia Antiquo-Hodierna, das ist: Bericht von denen Opern-Spielen«.

4 Christian *Weise*, Der gestürzte Marggraff von Ancre. In: Chr. *Weise*, Sämtliche Werke. Hrsg. v. John D. *Lindberg*. Bd. 1. Berlin, New York 1971. S. 134.

5 Christian *Weise*, Masaniello. Ebda. S. 367.

6 Johann Christoph *Gottsched*, Vorrede zum »Sterbenden Cato«. In: Joh. Chr. *Gottsched*, Schriften zur Literatur. Hrsg. v. Horst *Steinmetz*. Stuttgart 1972. (Reclam Universalbibl. Nr. 9361—65). S. 199.

7 Ebda. S. 201.

8 Ebda. S. 197.

9 Christian *Wolff*, Vernünfftige Gedancken Von dem Gesellschaftlichen Leben der Menschen. Und insonderheit Dem gemeinen Wesen. Zu Beförderung der Glückseligkeit des menschlichen Geschlechtes, Den Liebhabern der Wahrheit mitgetheilet. 5. Aufl. Frankfurt und Leipzig 1740. S. 275/76.

10 Johann Christoph *Gottsched*, Die Schauspiele und besonders die Tragödien sind aus einer wohlbestellten Republik nicht zu verbannen. In: Schriften zur Literatur a.a.O. S. 8.

11 Ebda. S. 8/9.

12 Johann Christoph *Gottsched*, Versuch einer Critischen Dichtkunst. Unveränderter Nachdruck der 4., vermehrten Auflage, Leipzig 1751. Darmstadt 1962. S. 167.

13 Beyträge zur Critischen Historie der deutschen Sprache, Poesie und Beredsamkeit. 3. Bd. Leipzig 1734. S. 174.

14 Critische Dichtkunst a.a.O. S. 643.

15 Die Schauspiele ... a.a.O. S. 10.

16 Critische Dichtkunst a.a.O. S. 150.

17 Ebda. S. 198.

18 Ebda. S. 150.

19 Ebda. S. 742.

20 Ebda. S. 742.

21 Vorrede zum »Sterbenden Cato« a.a.O. S. 210.

22 Johann Christoph *Gottsched*, Die Deutsche Schaubühne. Faksimiledruck nach der Ausgabe von 1741—1745. Stuttgart 1972. (Deutsche Neudrucke. Reihe 18. Jahrhundert). Bd. 3. S. 248.

23 Ebda. Bd. 5. S. 243.
24 *Gottschedin*, Panthea. Ebda. Bd. 5. S. 28.
25 Ebda. Bd. 4. S. 205.
26 *Quistorp*, Aurelius. Ebda. S. 217.
27 Johann Christoph *Krüger*, Mahomed IV. Ebda. Bd. 5. S. 393.
28 Ebda. S. 8.
29 Panthea. Ebda. S. 47.
30 Ebda. Bd. 6. S. 209.
31 Ebda. S. 217.
32 Critische Dichtkunst a.a.O. S. 642.
33 Vgl. Friedrich *Nicolai*, Abhandlung vom Trauerspiele. In: Lessings Briefwechsel mit Mendelssohn und Nicolai über das Trauerspiel. Nebst verwandten Schriften Nicolais und Mendelssohns. Hrsg. v. Robert *Petsch*. Leipzig 1910. Neudruck Darmstadt 1967. S. 29 ff.
34 So im Personenverzeichnis des Dramenentwurfs. Vgl. Gotthold Ephraim *Lessing*, Werke. Hrsg. v. Herbert *Göpfert*. München 1970−1979. 2. Bd. S. 651.
35 Werke a.a.O. 3. Bd. S. 524/25.
36 Critische Dichtkunst a.a.O. S. 650.
37 Christian Fürchtegott *Gellert*, Abhandlung für das rührende Lustspiel. In: Chr. F. *Gellert*, Die zärtlichen Schwestern. Im Anhang: Chassirons und Gellerts Abhandlungen über das rührende Lustspiel. Hrsg. v. Horst *Steinmetz*. Stuttgart 1965. (Reclam Universalbibl. Nr. 8973/74). S. 129.
38 Ebda.
39 Christian Fürchtegott *Gellert*, Das Loos in der Lotterie. In: Chr. F. Gellert, Lustspiele. Faksimiledruck der Ausgabe von 1747. Stuttgart 1966. (Deutsche Neudrucke. Reihe 18. Jahrhundert). S. 303.
40 George *Lillo*, Der Kaufmann von Londen oder Begebenheiten Georg Barnwells. Hrsg. v. Klaus-Detlef *Müller*. Tübingen 1981. S. 36.
41 Ebda. S. 78.
42 Denis *Diderot*, Dorval und ich. In: D. *Diderot*, Ästhetische Schriften. Hrsg. v. Friedrich *Bassenge*. 1. Bd. Berlin und Weimar 1967. S. 221.
43 *Lessing*, Werke a.a.O. 2. Bd. S. 20.
44 Johan Jacob *Dusch*, Der Bankerot, ein bürgerliches Trauerspiel. Hamburg und Berlin 1763. S. 111.
45 Johann Gottlob Benjamin *Pfeil*, Lucie Woodvil. In: Die Anfänge des bürgerlichen Trauerspiels in den fünfziger Jahren. Hrsg. v. Fritz *Brüggemann*. Leipzig 1934. (Deutsche Literatur ... in Entwicklungsreihen. Reihe Aufklärung. Bd. 8). S. 271.
46 Ebda. S. 237.
47 Johann Gottfried *Herder*, Briefe zu Beförderung der Humanität. 3. Sammlung. In: J. G. *Herder*, Werke. Hrsg. v. Bernhard *Suphan*. Berlin 1877−1913. Bd. 17. S. 186.
48 a.a.O. S. 13.
49 Zitiert nach: Die Entwicklung des bürgerlichen Dramas im 18. Jahrhundert. Hrsg. v. Jürg *Mathes*. Tübingen 1974. (Deutsche Texte 28). S. 85.
50 *Herder*, Adrastea. Viertes Stück. In: Werke a.a.O. Bd. 23. S. 385.
51 Die Entwicklung ... a.a.O. S. 51.
52 Ebda. S. 69.
53 *Lessing*, Werke a.a.O. 4. Bd. S. 294.

54 Ebda.
55 Ebda. S. 70.
56 Ebda. S. 98.
57 Adrastea a.a.O. S. 390.
58 *Lessing*, Werke a.a.O. 4. Bd. S. 144.
59 Brief an Nicolai v. 13. November 1756. In: G. E. *Lessing*, Sämtliche Schriften. Hrsg. v. Karl *Lachmann*, 3. Aufl. besorgt durch Franz *Muncker*. Stuttgart 1886–1924. Bd. 17. S. 66.
60 Die Entwicklung ... a.a.O. S. 76.
61 Ebda. S. 55.
62 Ebda. S. 70.
63 Hamburgische Dramaturgie. In: Werke a.a.O. 4. Bd. S. 580/81.
64 Werke a.a.O. 4. Bd. S. 38.
65 Die Entwicklung ... a.a.O. S. 72.
66 Ebda. S. 79.
67 Johann Friedrich *Cronegk*, Sämtliche Schriften. Reutlingen 1777. 1. Bd. S. 275.
68 Hamburgische Dramaturgie. In: Werke a.a.O. 4. Bd. S. 240.
69 Friedrich Gottlieb *Klopstock*, Ausgewählte Werke. Hrsg. v. Karl August *Schleiden*. Darmstadt 1962. S. 792.
70 Lessings Jugendfreunde. Chr. Felix Weiße, Joh. Friedr. v. Cronegk, Joach. Wilh. v. Brawe, Friedrich Nicolai. Hrsg. v. Jacob *Minor*. Berlin und Stuttgart o. J. (Deutsche National-Litteratur. 72. Bd.). S. 273.
71 Brief an Gerstenberg v. 25. Februar 1768. In: Schriften. Hrsg. v. *Lachmann-Muncker* a.a.O. Bd. 17. S. 246.
72 Lessings Jugendfreunde a.a.O. S. 64.
73 Werke a.a.O. 4. Bd. S. 574 f.
74 Lessings Jugendfreunde a.a.O. S. 54.
75 Das Drama des Gegeneinander in den sechziger Jahren. Trauerspiele von Christian Felix Weiße. Hrsg. v. Fritz *Brüggemann*. Leipzig 1938. (Deutsche Literatur ... in Entwicklungsreihen. Reihe Aufklärung. Bd. 12). S. 28.
76 Ebda. S. 147.
77 Briefe, die neueste Literatur betreffend. In: Werke a.a.O. 5. Bd. S. 264.
78 Die Aufnahme Shakespeares auf der Bühne der Aufklärung in den sechziger und siebziger Jahren. Hrsg. v. Fritz *Brüggemann*. Leipzig 1937. (Deutsche Literatur ... in Entwicklungsreihen. Reihe Aufklärung. Bd. 11). S. 299.
79 *Löwen* a.a.O. S. 85.
80 Ebda. S. 89.
81 Ebda. S. 85.
82 Ebda. S. 86.
83 Hamburgische Dramaturgie. In: Werke a.a.O. 4. Bd. S. 698.
84 *Löwen* a.a.O. S. 86.
85 Norbert *Elias*, Über den Prozeß der Zivilisation. Bd. 1: Wandlungen des Verhaltens in den weltlichen Oberschichten des Abendlandes. Frankfurt 1977. (suhrkamp taschenbuch wissenschaft 158). S. 32.
86 Werke a.a.O. 4. Bd. S. 698.
87 Hamburgische Dramaturgie. In: Werke a.a.O. 4. Bd. S. 598.
88 So bezeichnet Schiller in der Thalia-Fußnote sein Drama »Don Carlos«. Vgl. Friedrich *Schiller*, dtv Gesamtausgabe, Bd. 5. S. 194.
89 Werke a.a.O. 2. Bd. S. 98/99.

90 Brief an Karl Lessing v. 1. März 1772. In: *Lessing*, Schriften. Hrsg. v. *Lachmann-Muncker*. Bd. 18. S. 22.
91 Entwurf einer Vorrede zum »Nathan«. In: Werke a.a.O. 2. Bd. S. 748/49.
92 Brief an Karl Lessing v. 20. Oktober 1778. In: *Lessing*, Schriften. Hrsg. v. *Lachmann-Muncker*. Bd. 18. S. 289.
93 Werke a.a.O. 2. Bd. S. 279.
94 Ebda. S. 280.

Literaturhinweise

Aretin, Karl Otmar Freiherr von (Hrsg.): Der Aufgeklärte Absolutismus. Köln 1974. (Neue Wissenschaftliche Bibliothek 67).

Habermas, Jürgen: Strukturwandel der Öffentlichkeit. Neuwied und Berlin 4. Aufl. 1969. (Politica 4).

Henning, Friedrich-Wilhelm: Das vorindustrielle Deuschland 800 bis 1800. Paderborn 1974. (UTB 398).

Hubatsch, Walther: Das Zeitalter des Absolutismus 1600–1789. Braunschweig 3. Aufl. 1970.

Koselleck, Reinhart: Kritik und Krise. Ein Beitrag zur Pathogenese der bürgerlichen Welt. Freiburg/München 2. Aufl. 1969.

Vierhaus, Rudolf: Deutschland im Zeitalter des Absolutismus. Göttingen 1978. (Deutsche Geschichte 6. Kleine Vandenhoeck-Reihe 1439).

Ziechmann, Jürgen (Hrsg.): Panorama der Fridericianischen Zeit. Friedrich der Große und seine Epoche. Ein Handbuch. Bremen 1985. (Forschungen und Studien zur Fridericianischen Zeit 1).

Aufklärungen. Frankreich und Deutschland im 18. Jahrhundert. Band 1. Hrsg. v. Gerhard Sauder und Jochen Schlobach. Heidelberg 1986. (Annales Universitatis Saraviensis 19).

Balet, Leo/Gerhard, E.: Die Verbürgerlichung der deutschen Kunst, Literatur und Musik im 18. Jahrhundert. Hrsg. u. eingel. v. Gert Mattenklott. Frankfurt usw. 1973. (Ullstein Buch 2995).

Biedermann, Karl: Deutschland im 18. Jahrhundert. Hrsg. u. eingel. v. Wolfgang Emmerich. Frankfurt usw. 1979. (Ullstein Buch 35013).

Bruford, Walter H.: Die gesellschaftlichen Grundlagen der Goethezeit. Franfurt usw. 1975. (Ullstein Buch 3142).

Cassirer, Ernst: Die Philosophie der Aufklärung. Tübingen 1932.

Ermatinger, Emil: Deutsche Kultur im Zeitalter der Aufklärung. Bearbeitet v. E. Thurnher u. P. Stapf. Mit einer Einleitung v. A. Wandruszka. Frankfurt 1969.

Gay, Peter: The Enlightenment. An Interpretation. 2 Bde. New York 1967–1969.

Hazard, Paul: Die Herrschaft der Vernunft. Das europäische Denken im 18.Jahrhundert. Hamburg 1949.

Hinck, Walter (Hrsg.): Europäische Aufklärung I. Frankfurt 1974. (Neues Handbuch der Literaturwissenschaft 11).

Kiesel, Helmuth und Paul Münch: Gesellschaft und Literatur im 18. Jahrhundert. Voraussetzungen und Entstehung des literarischen Markts in Deuschland. München 1977. (Beck'sche Elementarbücher).

Kopitzsch, Franklin: Aufklärung, Absolutismus und Bürgertum in Deuschland. München 1976. (Nymphenburger Texte zur Wissenschaft 24).

Kopper, Joachim: Einführung in die Philosophie der Aufklärung. Darmstadt 1979.

Lutz, Bernd (Hrsg.): Deutsches Bürgertum und literarische Intelligenz 1750–1800. Stuttgart 1974. (Literaturwissenschaft und Sozialwissenschaften 3).

Martens, Wolfgang: Die Botschaft der Tugend. Die Aufklärung im Spiegel der deutschen Moralischen Wochenschriften. Stuttgart 1968.

Merker, Nicolao: Die Aufklärung in Deutschland. München 1982. (Beck'sche Elementarbücher).

Sauder, Gerhard: Empfindsamkeit. Band 1: Voraussetzungen und Elemente. Stuttgart 1974.

Schneiders, Werner: Die wahre Aufklärung. Zum Selbstverständnis der deutschen Aufklärung. Freiburg/München 1974.

Wessels, Hans-Friedrich (Hrsg.): Aufklärung. Ein literaturwissenschaftliches Studienbuch. Königstein 1984. (Athenäum Taschenbücher 2177).

Wiese, Benno von (Hrsg.): Deutsche Dichter des 18. Jahrhunderts. Berlin 1977.

Wolff, Hans M.: Weltanschauung der deutschen Aufklärung in geschichtlicher Entwicklung. Bern und München 2. Auf. 1963.

Barner, Wilfried u.a.: Lessing, Epoche – Werk – Wirkung. München 4. Aufl. 1981. (Arbeitsbücher für den literaturgeschichtlichen Unterricht. Beck'sche Elementarbücher).

Bauer, Roger und Jürgen Wertheimer: Das Ende des Stegreifspiels. Die Geburt des Nationaltheaters. Ein Wendepunkt in der Geschichte des europäischen Dramas. München 1983.

Brüggemann, Fritz: Einleitungen zu den Bänden 6, 7, 9 und 10 der Reihe Aufklärung in: Deutsche Literatur in Entwicklungsreihen. Leipzig 1933–35.

Daunicht, Richard: Die Entstehung des bürgerlichen Trauerspiels in Deutschland. Berlin 1963.

Freier, Hans: Kritische Poetik. Legitimation und Kritik der Poesie in Gottscheds Dichtkunst. Stuttgart 1973.

Frenzel, Herbert A.: Geschichte des Theaters. Daten und Dokumente 1470–1840. München 1979. (dtv 1980).

Friederici, Hans: Das deutsche bürgerliche Lustspiel der Frühaufklärung. Halle 1957.

Frühsorge, Gotthardt: Der politische Körper. Zum Begriff des Politischen im 17. Jahrhundert und in den Romanen Christian Weises. Stuttgart 1974.

Guthke, Karl S.: Das deutsche bürgerliche Trauerspiel. 3. Aufl. Stuttgart 1980. (Sammlung Metzler 116).

Hammer, Klaus (Hrsg.): Dramaturgische Schriften des 18. Jahrhunderts. Berlin 1968.

Heitner, Robert R.: German Tragedy in the Age of Enlightenment. Berkeley and Los Angeles 1963.

Hinck, Walter: Das deutsche Lustspiel des 17. und 18. Jahrhunderts und die italienische Komödie. Stuttgart 1965. (Germanistische Abhandlungen 8).

Kindermann, Heinz: Theatergeschichte Europas. Bd. 4, 5. Salzburg 1961, 1962.

Koopmann, Helmut: Drama der Aufklärung. Kommentar zu einer Epoche. München 1979.

Krebs, Roland: L'Idée de »Théâtre National« dans l'Allemagne des Lumières. Théorie et Réalisations. Wiesbaden 1985. (Wolfenbütteler Forschungen 28).

Krießbach, Erich: Die Trauerspiele in Gottscheds »Deutscher Schaubühne« und ihr Verhältnis zur Dramaturgie und zum Theater ihrer Zeit. Diss. Halle 1927.

Martino, Alberto: Geschichte der dramatischen Theorien in Deutschland im

18. Jahrhundert. I. Die Dramaturgie der Aufklärung (1730–1780). Tübingen 1972. (Studien zur deutschen Literatur 32).

Mattenklott, Gert und Klaus R. Scherpe (Hrsg.): Westberliner Projekt: Grundkurs 18. Jahrhundert. Kronberg 1974. (Literatur im historischen Prozeß 4/1, 4/2. Scriptor Taschenbücher S 27, S 28).

Maurer-Schmook, Sybille: Deutsches Theater im 18. Jahrhundert. Tübingen 1982. (Studien zur deutschen Literatur 71).

Meyer, Reinhart: Das deutsche Trauerspiel des 18. Jahrhunderts. Eine Bibliographie. München 1977.

Mortier, Roland: Diderot in Deutschland 1750–1850. Stuttgart 1972. (Metzler Studienausgabe).

Pikulik, Lothar: »Bürgerliches Trauerspiel« und Empfindsamkeit. Köln, Graz 1966. (Literatur und Leben N.F. 9).

Pikulik, Lothar: Leistungsethik contra Gefühlskult. Über das Verhältnis von Bürgerlichkeit und Empfindsamkeit in Deutschland. Göttingen 1984.

Haider-Pregler, Hilde: Des sittlichen Bürgers Abendschule. Bildungsanspruch und Bildungsauftrag des Berufstheaters im 18. Jahrhundert. Wien, München 1980.

Pütz, Peter: Die deutsche Aufklärung. 2. Aufl. Darmstadt 1979. (Erträge der Forschung 81).

Pütz, Peter (Hrsg.): Erforschung der deutschen Aufklärung. Königstein 1980. (Neue Wissenschaftliche Bibliothek 94).

Rieck, Werner: Johann Christoph Gottsched. Eine kritische Würdigung seines Werkes. Berlin 1972.

Schaer, Wolfgang: Die Gesellschaft im deutschen bürgerlichen Drama des 18. Jahrhunderts. Bonn 1963.

Scherpe, Klaus R.: Gattungspoetik im 18. Jahrhundert. Historische Entwicklung von Gottsched bis Herder. Stuttgart 1968. (Studien zur Allgemeinen und Vergleichenden Literaturwissenschaft 2).

Schings, Hans-Jürgen: Der mitleidigste Mensch ist der beste Mensch. Poetik des Mitleids von Lessing bis Büchner. München 1980.

Schulte-Sasse, Jochen: Literarische Struktur und historisch-sozialer Kontext. Zum Beispiel Lessings »Emilia Galotti«. Paderborn 1975.

Sørensen, Bengt Algot: Herrschaft und Zärtlichkeit. – Der Patriarchalismus und das Drama im 18. Jahrhundert. München 1984.

Steinmetz, Horst: Die Komödie der Aufklärung. 3. Aufl. Stutgart 1978. (Sammlung Metzler 47).

Steinmetz, Horst (Hrsg.): Lessing – ein unpoetischer Dichter. Dokumente aus drei Jahrhunderten zur Wirkungsgeschichte Lessings in Deutschland. Frankfurt, Bonn 1969. (Wirkung der Literatur 1).

Steinmetz, Horst: Aufklärung und Tragödie. Lessings Tragödien vor dem Hintergrund des Trauerspielmodells der Aufklärung. In: Amsterdamer Beiträge zur neueren Germanistik 1 (1972). S. 3–41.

Ter-Nedden, Gisbert: Lessings Trauerspiele. Der Ursprung des modernen Dramas aus dem Geist der Kritik. Stuttgart 1986. (Germanistische Abhandlungen 57).

Szondi, Peter: Die Theorie des bürgerlichen Trauerspiels im 18. Jahrhundert. Frankfurt 1973. (suhrkamp taschenbuch wissenschaft 15).

Waniek, Gustav: Gottsched und die deutsche Litteratur seiner Zeit. Leipzig 1897.

Weber, Peter: Das Menschenbild des bürgerlichen Trauerspiels. Entstehung und

Funktion von Lessings »Miß Sara Sampson«. Berlin 1970. (Germanistische Studien).

Wicke, Günter: Die Struktur des deutschen Lustspiels der Aufklärung. Bonn 1965.
(Abhandlungen zur Kunst-, Musik- und Literaturwissenschaft 26).

Wierlacher, Alois: Das bürgerliche Drama. München 1968.

Wölfel, Kurt: Moralische Anstalt. Zur Dramaturgie von Gottsched bis Lessing. In:
Reinhold Grimm (Hrsg.), Deutsche Dramentheorien. Beiträge zu einer historischen Poetik des Dramas in Deutschland. Bd. 1. Frankfurt 1971, S. 45−122.

Register